茶道

Fachbücher für JUDO Band 1

1x1 des JUDO

Die Grundlagen des Judosports

von

Dr. Wolfgang Weinmann 8. Dan

mit 101 Abbildungen und
Fotos von M. Nehab und anderen

21. Auflage 2001

VERLAG WEINMANN — BERLIN

Die Deutsche Bibliothek — CIP-Einheitsaufnahme

Weinmann, Wolfgang:
1 x 1 des Judo : die Grundlagen des Judosports /
von Wolfgang Weinmann. Fotos von M. Nehab
und anderen. — 21. Aufl. — Berlin :
Weinmann, 2001
(Fachbücher für Judo ; Bd. 1)
ISBN 3-87892-000-8

Satz: HAGEDORN
Repro: Faesser
Druck: Hildebrand

Inhaltsverzeichnis

Einleitung

Judo erfordert zu seiner Ausführung Übung und **Nachdenken**.
Dieses Buch zeigt die Grundlagen der Judotechnik auf, und weist Wege, diese Technik zu erlernen oder anzuwenden. Es liefert Stoff zum Nachdenken und erwartet Mitarbeit.
Es wendet sich sowohl an den Lehrer, um ihm Anregungen für seinen Unterricht zu geben und ihm zu helfen, methodisch vorzugehen, als auch an Anfänger und Fortgeschrittene, um ihr Trainingsverständnis zu fördern und ein rationelles Üben zu erleichtern. Dem Laien sollen das Wesen des Judo und seine Prinzipien erläutert werden.
Ein Judobuch im Bücherregal mag dekorativ sein, Nutzen entfaltet es nur, wenn Sie es intensiv durcharbeiten und daraus lernen bzw. sich mit dem Inhalt auseinandersetzen.

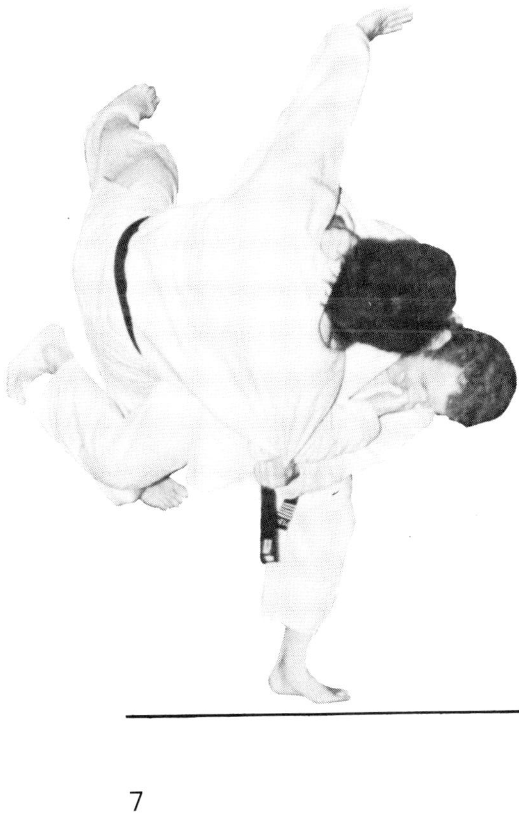

JUDO
... ist umwerfend!

DAS JUDO-SYSTEM

Nage-waza
Wurftechnik

- **Tachi-waza** – Würfe aus dem Stand
  - **Te-waza** – Hand- und Schulterwürfe
  - **Koshi-waza** – Hüftwürfe
  - **Ashi-waza** – Fuß- und Beinwürfe
- **Sutemi-waza** – Würfe beim Zubodengehen
  - **Ma-sutemi-waza** – Würfe in Rücklage
  - **Yoko-sutemi-waza** – Würfe in Seitlage

Katame-waza
Grifftechnik

- **Osae-komi-waza** – Haltetechnik
  - Kesa-gatame
  - Yoko-shiho-gatame
  - Kami-shiho-gatame
  - Tate-shiho-gatame
- **Shime-waza** – Würgetechnik
  - Juji-jime
  - Okuri-eri-jime
  - Kata-ha-jime
  - Hadaka-jime
  - Ryote-jime
  - Katate-jime
  - Ashi-jime
- **Kansetsu-waza** – Hebeltechnik
  - **Ude-hishigi-waza** – Streckhebel
    - Juji-gatame
    - Ude-gatame
    - Ashi-gatame
    - Hara-gatame
    - Waki-gatame
    - Kannuki-gatame
  - **Ude-garami-waza** – Beugehebel
    - Ude-garami

Die Geschichte des Judo

Tierbeobachtung und Verhaltensforschung lehren uns, daß Kampf und Kampfspiele keine menschliche Erfindung sind. Rang-Ordnungskämpfe unter Artgenossen und Kampfspiele von Jungtieren ähneln entsprechenden menschlichen Bemühungen.

So lange Menschen auf der Erde leben, haben sie vermutlich Kämpfe untereinander ausgetragen. Ebenso alt dürften „Tricks" sein, die körperlich schwächere Menschen ersannen, um stärkere zu überlisten. Derartige Kunstgriffe wurden in verschiedenen Epochen und Ländern zu Systemen zusammengefaßt und von bestimmten Personenkreisen gepflegt.

In Ägypten wurden schon 2500 v. Chr. Ringkämpfe ausgetragen. (Fig. 1)

Fig. 1

Die Griechen übten sich in einem freistilähnlichen Zweikampf (der mit dem heutigen griechisch-römischen Stil wenig gemeinsam hat). Bei der 18. antiken Olympiade 708 v. Chr. fanden erstmals Olympische Wettkämpfe im Ringen statt.

In Island wird seit dem 11. Jahrhundert bis zum heutigen Tag der Glima-Kampf gepflegt.

In England entstand um 1500 der Cornwall-Stil.

In der ehemaligen Sowjetunion gibt es seit Jahrhunderten eine Vielzahl von Kampfkünsten, die später zum Sambo (Siehe das Buch ,,Sambo'' erschienen im gleichen Verlag) zusammengefaßt wurden.

Seit etwa 1600 wird in der Schweiz ein Jackenringen, das „Schwingen" geübt.
1675 wurde den Zeitgenossen in Holland das Erlernen der „Worstelkonst" empfohlen, „um sich gegen Bösewichte besser schützen zu können" (Fig. 2/3). Etwa zur gleichen Zeit wird in deutschen Fechtschulen das Freiringen gelehrt. Den Landsknechten werden erhebliche Fertigkeiten in der Anwendung von Griffen nachgesagt. Vom „Ringen in der Gruben" sind uns Bilder überliefert (Fig. 4/5).
Auch in Asien entstanden zahlreiche Kampfsysteme. Aus China wird von einer Vielzahl von Kampfkünsten berichtet, die dort z. T. schon weit vor unserer Zeitrechnung betrieben wurden.
In Indien entstand der Ringkampfstil „vajra-musti".
In Japan ist Sumo die älteste waffenlose Kampfart und erfreut sich bis zum heutigen Tag großer Beliebtheit (Siehe das Buch „Sumo" — der traditionelle japanische Ringkampf", erschienen im gleichen Verlag).

Fig. 2/3

(Aus dem Buch „Chronik alter Kampfkunst" erschienen im gleichen Verlag)

Auf Grund der kriegerischen Vergangenheit Japans entstanden dort sehr viele Kampfarten. Unter den waffenlosen Systemen gab es viele Stilrichtungen, die sich zum Teil nur in Nuancen unterschieden. Eine Schule nannte sich Ju-Jutsu oder Yawara.
Der Ursprung des Ju-Jutsu reicht in die Mythologie hinein: Die Götter Kashima und Kadori sollen diese Kunst angewandt haben, um widerspenstige Bewohner einer Provinz zu unterwerfen.
Eine Entstehungsversion besagt, daß diese Kunst dadurch entstanden sein soll, daß der Chinese Tsin Gembin um 1650 an der Küste von Hokaido drei japanischen Samurai in die Hände fiel und eine in China streng geheim gehaltene Selbstverteidigungsmethode verriet.
Eine andere Schule soll auf den Japaner Yoshitoki aus Nagasaki zurückgehen, der an einem Wintertag beobachtete, wie der Schnee auf den Zweigen einer Weide durch die Biegsamkeit der Zweige immer wieder abgeworfen wurde, während die Äste anderer, scheinbar viel stärkerer Bäume brachen. Dadurch soll er angeregt worden sein, ein Verteidigungssystem (Weidenherzschule) zu schaffen, bei dem der Angegriffene durch Nachgeben siegreich bleibt.
Unter dem wachsenden europäischen Einfluß im 19. Jahrhundert wurden viele alte japanische Bräuche, so auch diese Griffkünste abgelehnt und gerieten in Vergessenheit.
Der deutsche Professor Dr. med. Bälz, der von 1876 – 1893 an der Tokioer Universität lehrte, entdeckte in der Provinzhauptstadt Tshiba den alten Lehrer Totsuka, der einige Polizisten in Ju-Jutsu unterwies. Professor Bälz war von dieser Kunst als Mittel zur Körperertüchtigung seiner Studenten begeistert und empfahl der Universität und dem japanischen Unterrichtsministerium diese Kunst zu fördern. Er unterstützte den jungen japanischen Gelehrten Jigoro Kano, die alte Kampfkunst populär zu machen – es kam zu einer Veranstaltung in der Universität.
Im Februar 1882 versammelte Jigoro Kano (Fig. 6) im Tempel Eishoji in Tokio eine Anzahl Interessierter und gab der neuen Übungsstätte den Namen Kodokan. Nach gründlichem Studium alter Kampfpraktiken (er hatte mehrere Ju-Jitsu-Stile betrieben) faßte er diese zu einem neuen System zusammen. Die Übungen wurden verbessert und vor allem Wert auf die **Erziehung** des Schülers gelegt.

Sein System nannte er Judo, sinngemäß übersetzt: „Der sanfte geschmeidige Weg, den man im Leben beschreiten soll". Es umfaßte, als es von der Regierung anerkannt wurde, 47 Kampfübungen und 15 Griffe für die Selbstverteidigung.
Um 1900 hörte man in Europa zum ersten Mal von der Kampftechnik Jiu-Jitsu. Die Japaner K. Higashi und J. Tani kamen nach Deutschland und führten Jiu-Jitsu vor. 1906 gründete Erich Rahn die erste Jiu-Jitsu-Schule in Berlin, die er bis zu seinem 88. Lebensjahr leitete. Er unterrichtete Kripo und Militär in der neuen Nahkampftechnik und unternahm zahlreiche Vorführtourneen. 1922 wurde der „Zentralverband Deutscher Jiu-Jitsu-Kämpfer" gegründet. Im gleichen Jahr wurden die ersten beiden deutschen Vereine der DJC in Frankfurt und der EBJC in Berlin gegründet und die erste deutsche Jiu-Jitsu-„Profi"-Meisterschaft ausgetragen; Sieger: Erich Rahn. 1926 fand anläßlich der deutschen Kampfspiele in Köln eine Jiu-Jitsu-Meisterschaft statt.

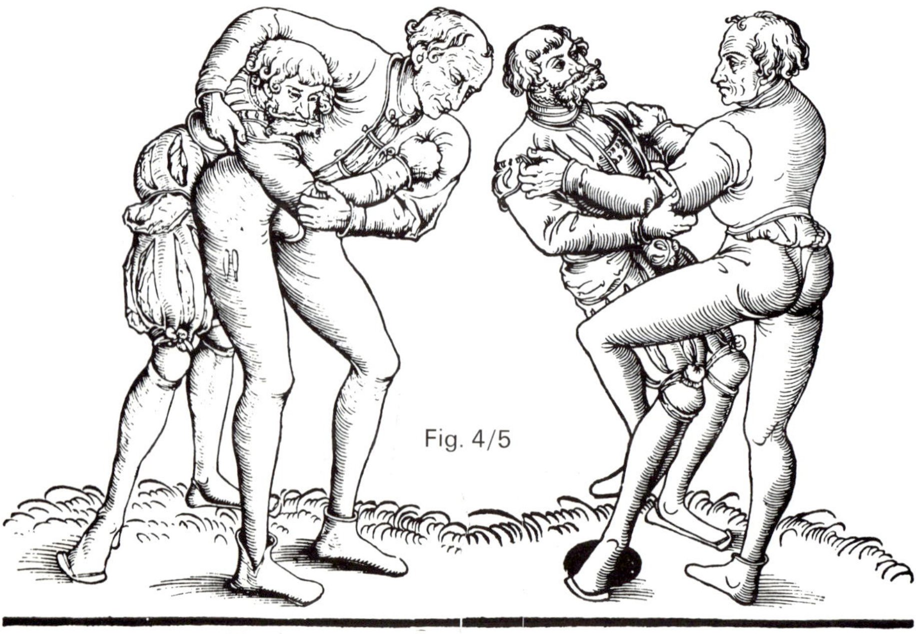

Fig. 4/5

Jigoro Kano

1929 wurde zum ersten Mal ein Städtekampf zwischen London und Frankfurt im Jiu-Jitsu ausgetragen. 1930 gab es schon über 100 Dojos in Deutschland. 1932 wurde die Europäische Judo-Union gegründet. 1934 wurde die erste Europa-Meisterschaft in 5 Gewichtsklassen in Dresden ausgetragen und der Deutsche Judo-Ring gegründet.

Im zweiten Weltkrieg kam der Wettkampfsport allmählich zum Erliegen. 1945 wird Judo von den Alliierten verboten. Erst allmählich kommt der Sportbetrieb wieder in Gang. 1949 wird Judo in den Deutschen Schwerathletik-Verband aufgenommen. 1952 wird das Deutsche Dankollegium gegründet. 1956 findet die erste Judo-Weltmeisterschaft statt. 1964 werden in Tokio erstmals Judokämpfe bei der Olympiade ausgetragen.

Judo findet immer stärkere Verbreitung. In vielen Städten werden Judo-Schulen gegründet. In jedem Jahr werden regelmäßig regionale, nationale und internationale Einzel- und Mannschaftsmeisterschaften ausgetragen.

Auch im Deutschen Hochschulsportverband, bei der Polizei und der Bundeswehr wurden Judo-Meisterschaften eingeführt. 1970 wurde die erste deutsche Damen-Judomeisterschaft ausgetragen.

Inzwischen gibt es in vielen Ländern Judo-Organisationen und mehrere Millionen Judoka in aller Welt. Der Kodokan, die Gründungsstätte des Judo, ist in ein modernes Hochhaus in Tokio umgezogen. Judo hat sich einen festen Platz unter den modernen Sportarten erobert.

Das Judo-Prinzip

Das Prinzip des Judo, so hört man oft, bestehe im „Siegen durch Nachgeben". Es wird gesagt, diese besondere Art nachzugeben, sei eine spezifisch asiatische Erfindung, die in Europa keine Tradition hätte.

Der Gedanke, durch sanfte Methoden Erfolg zu haben, ist jedoch nicht allein asiatischen Ursprungs. Der römische Dichter Aesop schrieb bereits vor etwa 2000 Jahren seine Fabel von der Sonne und dem Nordwind:

> Der Nordwind und die Sonne streiten sich, wer mächtiger sei. Um seine Macht zu demonstrieren, versucht der Nordwind einem Wanderer die Kleider vom Leib zu blasen – ohne Erfolg. Der Wanderer hüllt sich um so fester in seinen Mantel, je stärker der Wind bläst.
>
> Der Sonne gelingt es leicht, ihre Überlegenheit zu beweisen. Sie scheint – der Wanderer zieht seinen Mantel selbst aus, weil ihm zu warm wird.

Der Gedanke, elastisches Verhalten der Anwendung von Gewalt vorzuziehen, wurde schon vor Jahrtausenden von chinesischen Denkern gelehrt. Er wird seit alter Zeit in Asien gepflegt und ist Teil der Mentalität breiter Volksschichten geworden.

Bert Brecht in seiner „Legende von der Entstehung des Buches Taoteking auf dem Wege des Laotse in die Emigration":

. . . doch am vierten Tag im Felsgesteine
hat ein Zöllner ihm den Weg verwehrt:
„Kostbarkeiten zu verzollen?" – „Keine".
Und der Knabe, der den Ochsen führte,
sprach: „Er hat gelehrt".
Und so war auch dies erklärt.
Doch der Mann in einer heitren Regung
fragt noch: „Hat er was rausgekriegt?"
Sprach der Knabe: „Daß das weiche Wasser in Bewegung

mit der Zeit den mächtigen Stein besiegt.
Du verstehst, das Harte unterliegt . . ."

Jigoro Kano erläuterte uns die kampftechnische Anwendung dieses Lehrsatzes:

Ein Mann schiebt seinen Gegner vor sich her. Der Angreifer ist stärker als der Verteidiger, d. h. der Angreifer hat 10, der Verteidiger 7 Krafteinheiten. Es hätte für den Verteidiger keinen Sinn, auch zu schieben oder stehen bleiben zu wollen. Widersetzt er sich jedoch zum Schein, verleitet den Angreifer, seine ganze Kraft einzusetzen und dreht sich dann plötzlich zur Seite, so stößt die Kraft des Angreifers ins Leere: Der Angreifer verliert seine Balance. Der Verteidiger bleibt im Vollbesitz seiner 7 Krafteinheiten, während der andere auf Grund seiner schlechten Stellung nicht einmal mehr über die Hälfte seiner Kraft verfügen kann und z. B. nur noch 3 Krafteinheiten besitzt. In dieser Situation kann der anfangs Schwächere den anderen leicht zu Boden werfen und besiegen.

Es gibt aber auch Situationen, in denen man durch Nachgeben keinen Erfolg hat. Ein solcher Angriff ist eine Umklammerung von hinten. Wenn das Kräfteverhältnis zwischen Angreifer und Verteidiger ähnlich ist, wie im vorigen Beispiel, erscheint es unmöglich, aus den starken Armen zu entkommen. Hier hilft kein Nachgeben, sondern man muß, um sich zu befreien, einen „schwachen Punkt" des Gegners finden und angreifen: Der Verteidiger erfaßt die beiden kleinen Finger des Angreifers. In beiden Händen hat der Schwächere mehr Kraft als ein Muskelprotz in zwei Fingern. Der Verteidiger braucht die kleinen Finger des Angreifers nur nach außen zu biegen, um den Gegner gefügig zu machen.

Man kann auch sagen, Judo ist die Lehre von der rationellen Kraftanwendung:

1. Man soll seine Kräfte so geschickt wie möglich gebrauchen, um eine maximale Wirkung zu erzielen.
2. Man soll mit seinen Kräften haushalten, um ein Ziel mit minimalem Kraftaufwand zu erreichen.

Dem Judoka nützt das Wissen um diese Prinzipien allein noch garnichts. **Er muß üben,** um im Laufe der Zeit geschickter, schneller und erfahrener als zwar stärkere aber weniger Geübte zu werden:

Es ist ein weitverbreiteter Irrtum zu glauben, daß dies „mühelos" möglich ist es ist mühevoll!

Technik ist die Anstrengung
Anstrengungen zu vermeiden
(Ortega y Gasset)

J. Kano lehrte, daß intensives Üben der Kampftechniken ein Erziehungsmittel sei, um zu dem höheren Ziel „gemeinsames Wohlergehen" zu gelangen.

Das Üben von Judotechniken, die darauf basieren, die eigene Kraft geschickt im günstigen Augenblick einzusetzen, soll den Übenden veranlassen, eine ähnliche Haltung auch im täglichen Leben einzunehmen.

Das Judotraining erfordert Geduld, Beherrschung und Rücksichtnahme auf den Partner. Geht man davon aus, daß eine auf bestimmtem Gebiet gewonnene Erfahrung auch auf andere Handlungen eines Menschen Einfluß ausübt, wird Judo „äußerlich angewandt" die Psyche des Individuums positiv beeinflussen, ihm helfen zu innerer Gelassenheit zu gelangen und die Entwicklung zu einem verständnisvollen Mitglied der Gemeinschaft fördern.

Voraussetzungen zum Judo

Die Möglichkeit Judo zu üben, ist vom Lebensalter weitgehend unabhängig. Einige namhafte Meister betreiben noch mit über 70 Jahren Judo. Andererseits gibt es Kindergruppen mit Fünfjährigen.
Zum Judo-Training benötigt man keine besonderen Eigenschaften, lediglich eine gutbürgerliche Gesundheit und einigen Fleiß. Durch regelmäßiges Training über einen längeren Zeitraum kann **jeder** seine Leistungsfähigkeit (innerhalb gewisser Bandbreiten) steigern.
Auf den Trainingserfolg bzw. die judokämpferische Leistung haben hauptsächlich die in der folgenden Tabelle aufgeführten Faktoren Einfluß.

Es ist eine alte Streitfrage, welche dieser Faktoren für die Kampfkraft am bedeutsamsten sind. Sicher ist, daß für eine gute Leistung die meisten Faktoren vorhanden sein müssen. Wahrscheinlich ist das Leistungsniveau nur so weit steigerbar, wie es die am wenigsten vorhandenen oder trainierten Eigenschaften zulassen (Minimalprinzip).

Trainingseinfluß

Trainingshäufigkeit
Trainingsintensität

↓

Trainer
Partner
Unterrichtsniveau
Clubatmosphäre
Vorhandensein einer Leistungshierarchie mit Vorbildern und Unterlegenen

Individualfaktoren

Psychisch

Begabung, Lerneifer,
Kampfgeist, Ausdauer

↓

Reaktion:
Konzentration
Wahrnehmung
Entschlußkraft
Bewegungsgefühl

Motivation:
Spaß an der Bewegung und Einsicht in deren Nützlichkeit. Ehrgeiz (soweit nicht durch konkurrierende Interessen befriedigt).

Streben nach Gruppenkontakt und sinnvoller Freizeitbeschäftigung.

Der Wunsch seine Kräfte zu messen und Bewährungsproben zu bestehen sowie selbstsicherer und für den „Ernstfall" verteidigungsbereit zu werden.

Physisch

Alter, Konstitution,
Ernährung, Lebenswandel

↓

Muskeln:
Stärke, Schnellkraft, Schnelligkeit

Gelenke:
Stabilität, Beweglichkeit

Kondition:
Fähigkeit von Herz, Lunge, Kreislauf etc. zu Dauer- und Hochleistungen.

↘ ↓ ↙

Training – Wettkampf

↙ ↓ ↘

Gemeinschaftssinn, Anerkennung, Kontakt, Disziplin

Starallüren, Erfolgsstreß, Vereinsmeierei, fehlende persönliche Entfaltungsmöglichkeit

Seelisches Wohlbefinden, Selbstvertrauen, Erfolgserlebnis

unbefriedigter Ehrgeiz, Minderwertigkeitsgefühle, Enttäuschung

Körperliche Leistungsfähigkeit, gesundheitliches Wohlbefinden

Sportverletzungen, Abnutzungserscheinungen, Invalidität

Judo-Unterricht – heute

Motivation

Judo ist die größte Kampfsportart. Die Werbung zahlreicher Judoschulen, ein breites Angebot an Wettkampfveranstaltungen und zunehmende Freizeit haben dazu geführt, daß sich viele Leute für Judo interessieren. Judo ist besonders bei Kindern ,,in''.

Viele kommen zum Judo, um zu lernen, sich „mühelos" zu verteidigen. Andere kommen aus Einsicht in die Nützlichkeit des sich Bewegens und wollen „fit" bleiben oder werden. Eltern schicken ihre Kinder zum Judo, weil die lieben Kleinen sich austoben bzw. in eine Gemeinschaft einfügen sollen oder einfach sooo niedlich im Judoanzug aussehen. Manche sehen im Judo das „besondere Hobby" oder suchen Beschäftigung, Geselligkeit und Kontakt.

Die Fluktuation beim Judo ist hoch. Nach einiger Zeit merken die Teilnehmer nämlich, daß am Judo-Image „mühelos stärkste Männer besiegen" etwas faul ist und Leistungen im Judo **Arbeit** machen. Die Meisten wollen sich aber nicht abschinden, sondern ohne Arbeit „hart" werden.

Viele kehren dem Judo wieder den Rücken: Weil sie das Training langweilig finden, weil der Übungsbetrieb zu sehr auf „Leistung" abgestellt ist, weil sie keinen (oder zu guten!) Anschluß finden oder weil sie sich durch Anfangsschwierigkeiten nicht hindurchbeißen können, bzw. ihr Interesse am Neuen schnell wieder erlahmt und die menschliche Trägheit überwiegt.

Nur ein Teil der Anfänger übersteht die ersten 6 Monate. Dann treten vor allem durch den Wettkampf andere Probleme auf. Je besser die Spitzenleute des Clubs sind, je schwerer ist es für Gelbgurte, die „Fallobst-Frustrationen" zu überwinden. Vereine mit starken Mannschaften sind zwar werbewirksam, schrecken aber häufig den Nachwuchs ab. Kommen nicht rechtzeitig Erfolgserlebnisse, bleiben die „Halbneuen" bald vom Training fort.

In manchen Vereinen werden die Leute durch eigenwillige Meister, allzu lange Vorträge oder umherhuschenden „Judogeist" verscheucht. Häufig wirken sich auch mangelnde Geselligkeit, Klickenwirtschaft oder übertriebene „Beschulung" und Vereinsmeierei nachteilig auf das Bestehen einer Trainingsgemeinschaft aus.

Aggression

Ob es einem paßt oder nicht – Aggressivität entsteht (mit individuellen Nuancen) in der Regel täglich. Beim Aufstehen, in der Familie, im Verkehr, im Beruf, ja selbst bei Freizeitbeschäftigung und Sport (z. B. die Wut, nicht gesiegt zu haben). Man kann Aggressivität nicht verhindern, man kann nur dafür Sorge tragen, daß sie sich harmlos entlädt.

> Die moderne Gesellschaft stellt zu wenig
> Ventile bereit, an denen die Aggressivität
> sich gefahrlos entladen kann.
>
> Alexander Mitscherlich

Judo ist ein hervorragendes Ventil und kann neben der Verbesserung des körperlichen Zustandes der Ausübenden besonders diese soziale Funktion übernehmen.
Für einen erfolgreichen Wettkämpfer ist das Vorhandensein von Aggressivität geradezu eine Notwendigkeit. Wer den richtigen „Biß" hat und davon während des Kampfes besonnen Gebrauch macht, ist einem allzu friedlichen Kontrahenten überlegen.
Beim Kämpfen wird Aggressivität abgebaut – man hat sich ausgetobt – und geht als friedlicher Mensch nach Hause.
Dem liegt ein physiologischer Mechanismus zu Grunde: Bei Streß (Wut, Angst usw.) werden kleinste Mengen bestimmter Hormone in die Blutbahn ausgeschüttet, die Blutdruck- und pulssteigernd wirken und als köpereigenes „Doping" dazu dienen, den betreffenden in Leistungsbereitschaft zu versetzen.
Wenn ein Hund einen Hasen aufstöbert, ist dieser Mechanismus von großem Wert: Kann doch der Hase sofort „Hochleistungshaken"

schlagen und entkommen. Hat der Hund dann die Sache aufgegeben und sind die „Dopingstoffe" bei der Flucht verbraucht, kann der Hase friedlich verschnaufen.

Bei uns Menschen funktioniert dies heute meist anders. Zwar tritt bei Streß (ein Autofahrer zeigt z. B. dem anderen den Vogel) ebenfalls eine Hormonausschüttung ein, es folgt aber keine körperliche Hochleistung, d. h. die „Dopingstoffe" bleiben für längere Zeit in der Blutbahn mit den entsprechenden Folgen wirksam.

Ein zünftiges Kampftraining – auch wenn es nicht mit der Streßursache in Zusammenhang steht – versetzt den Körper in den reizfreien Zustand zurück; man fühlt sich „ausgeglichen".

Kommunikation

Eine Trainingsgemeinschaft kann ein prima Demokratiemodell der gleichen unter der Brause und der Leistungshirarchie auf der Matte sein, wobei es durchaus möglich ist, **allen**, Anfängern und Spitzenkämpfern, jungen und alten, Faulen, Ergeizigen und Funktionären eine jeweils wichtige Funktion zuzuweisen. Man kann gegenseitige Rücksichtnahme üben. Man kann lernen, gutwillig und ehrlich gegen Jedermann zu sein und Meinung oder Kritik sachlich und offen vorzutragen. Man kann lernen die eigene Trägheit zu überwinden und findet ideale Kommunikationsmöglichkeiten zwischen verschiedenen Berufen, Nationalitäten und Personen unterschiedlichen Lebensalters.

Eine Matte ist hervorragend geeignet, die menschlichen Grundbedürfnisse nach Beschäftigung und Geselligkeit zu befriedigen. Jeder kann zu echter Selbstverwirklichung und **persönlicher** Leistungssteigerung gelangen und sich einen individuellen Stil erarbeiten. Mit Judo kann man sich ein Leben lang beschäftigen und lernt nie aus. Man kann gemeinsam Erfolge erringen und feiern und aus Niederlagen lernen und neuen Antrieb zu Aktivitäten schöpfen – man ist nicht allein.

Vor allem aber kann man in einer Trainingsgemeinschaft Lachen, Blödsinn treiben und ungeheuer viel Spaß mit den „Kumpels" haben. Sie werden noch davon erzählen, wenn Sie Ihren Enkel auf den Knien schaukeln oder als rüstiger Opa immer noch dabei sein.

Judolehrer oder „ähnliches"

Sport kann man zwar notfalls ohne Sportler betreiben, aber niemals ohne Funktionäre.
Der wichtigste Funktionär ist der **Trainer** (Lehrer, Meister, Übungsleiter).
Er muß gleichzeitig als Vorbild und psychoanalytischer Heilgehilfe fungieren, eine Mischung aus Nervenarzt, Clown, Unteroffizier und Leistungssportler sein. Er muß die Schwächlichen kräftigen, die Naturburschen vom Wert guter Techniken überzeugen, den Ängstlichen Mut machen und die vielen faulen Säcke antreiben. Er muß Atmosphäre (keine schlechte Luft!) verbreiten, die Leute unterhalten und zu regelmäßigem Training anhalten.
Er muß Talent für sein Amt haben, über möglichst reichliche Erfahrung verfügen und den Laden so in Schwung halten, daß ein Rückkoppelungseffekt auftritt, der auch ihn selbst in Schwung hält und das Training immer besser laufen läßt.
Er muß stets aufmerksam die Wechselwirkungen zwischen Leithammel und Herde beobachten und steuern. Er sollte nicht allzu eitel, blöde oder ehrgeizig sein, möglichst wenig den „Halbgott in Weiß" herauskehren und eine Wurf- und Fallgemeinschaft anstreben, die von **allen** positiv empfunden wird und **allen** optimalen Trainingserfolg bringt.

Unterricht

Es scheint ein wesentliches Kennzeichen von Ausbildungsproblemen zu sein, daß sie sich ewiger Jugend erfreuen und Diskussionen über „den einzig richtigen Weg" modischen Gesichtspunkten unterliegen und nie versiegen.
In Japan wird Judo häufig **intuitiv** gelehrt, d. h. der Schüler übt nach kurzen Anweisungen des Lehrers. Dabei wird wenig gesprochen, warum's und wieso's, kaum erörtert, dafür aber bis zur Erschöpfung geübt und gekämpft. Erst viel später (wenn überhaupt) werden die durch Übung erworbenen Fertigkeiten theoretisch untermauert. In Japan gilt das strenge Kohai-Sempai-System – man diskutiert nicht, man nickt (auch wenn der Meister irrt!).

In Europa wird meist eine andere Unterrichtsmethode angewandt: Dem Schüler werden die Techniken durch häufige Erklärungen und laufende Korrekturen detailiert erläutert. Der Schüler versteht wie es gemacht werden soll, ihm leuchtet ein, warum, aber sein Körper ist erst viel später imstande, die theoretisch längst verstandene Bewegung in der Praxis schnell, kraftvoll und geschmeidig genug auszuführen.

Bei beiden Methoden kann sich niemand um langes und intensives Üben herummogeln – erst perfekte Bewegung **und** Verstehen der theoretischen Grundlagen machen den Meister aus.

Während es in früheren Jahren beim Judo geradezu als unschicklich galt, Gewalt anzuwenden und Judolehrer ihre Schüler mit zwei Fingern auf Zehenspitzen stellten, um „Balancebrechung" zu demonstrieren, gilt heute manchem möglichst kraftvolles Niederwalzen als wahres Judo. Opa's Judo ist tot – es lebe die Kondition!

Vielleicht darf in diesem Buch in Erinnerung gerufen werden, daß die Idee des Judo **nicht** darin besteht, den Gegner mittels überlegener Kondition und Körperkraft unterzupflügen, sondern daß Judo in Technik, List und überlegenen Fertigkeiten gegenüber weniger Geübten besteht. Natürlich braucht man auch zum Judo wie zu jedem Sport Kraft und Kondition. Dennoch, alle Beteiligten sollten sich heute klar darüber werden, daß man die **Technik** – die Chance des Schwächeren – nicht vernachlässigen darf, andernfalls Judo zum sterilen Jackenringen entartet.

Zum Studium einer Technik sind folgende Phasen bedeutsam:

Theoretische Grundlagen,
Prinzip

Spezielle Vorübungen,
Krafttraining

Einüben der Grundbewegung,
Verfeinern der Technik,
Beschleunigung und Perfektionierung
des Bewegungsablaufes

Situationslehre, Variationen,
kampfmäßige Eingänge, Übergänge und Ausführung

Kombinationen, Meidbewegungen,
Kontertechnik

Lehrmethodik, psychologische, medizinische
und soziologische Aspekte

Aufbau einer Übungsstunde

Hierüber haben die Trainer unterschiedliche Ansichten. Manche überbetonen schulmäßiges Üben, andere das Randori. Am günstigsten erscheint ein ausgewogenes Training, das auf jeden Fall abwechslungsreich und nicht zu tierisch ernst gestaltet werden sollte. Es empfiehlt sich, lieber eine oder wenige Techniken intensiv zu üben, als zu viele auf einmal. Schulmäßiges Üben ist vor allem für Anfänger geeignet. Fortgeschrittene sollten, neben reichlich Randori, auch hinreichend Zeit für freies Training (z. B. zum Üben ihrer Spezialtechniken) erhalten. Allerdings sollten auch die Fortgeschrittenen immer wieder schulmäßig und präzise Einzelbewegungen und komplette Würfe und Griffe üben, um ihre Technik weiter im Detail zu verbessern.

Die Anstrengungen des Trainings müssen so dosiert werden, daß der Durchschnitts-Anwesende nicht überfordert wird, aber auch nicht ohne geschwitzt zu haben, nach Hause geht. Härteres intensiveres Training, z. B. einige Zeit vor einem Wettkampf, sollte mit gemütlicherem Training danach abwechseln. Es empfiehlt sich, nicht nur Stand-, sondern auch Bodentechniken regelmäßig bei jedem Training zu üben.

Ein Training für Erwachsene bzw. Fortgeschrittene sollte zwischen 90 und 120 Minuten dauern. Für Schüler und Anfänger genügen 45–60 Minuten. Als Anhaltspunkte für die zeitliche Einteilung des Trainings können folgende Schemata dienen:

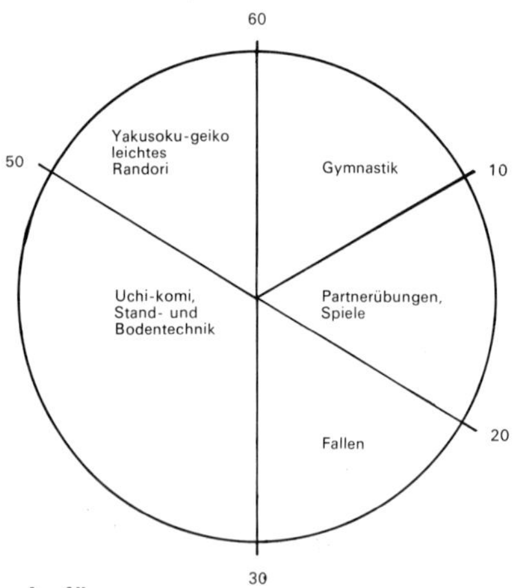

Anfänger

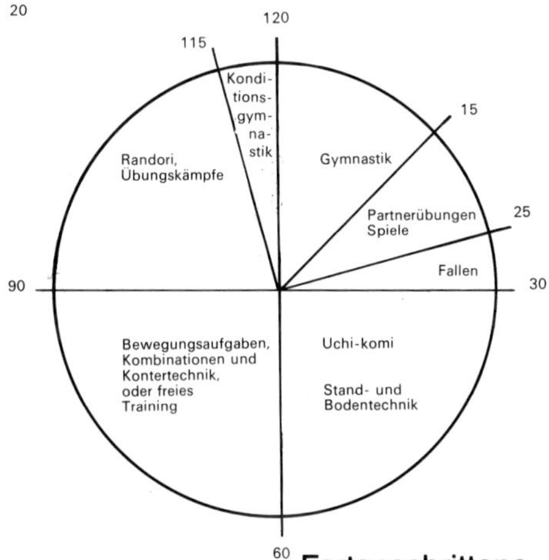

Fortgeschrittene

Tips für die Übungsstunde

Vorher:

Essen Sie mindestens 2 Stunden vor Beginn der Übungsstunde nichts mehr – voller Bauch trainiert nicht gern! Gehen Sie vor dem Training auf die Toilette.

Trinken Sie mindestens 12 Stunden vor dem Training keinen Alkohol und rauchen Sie mindestens 1/2 Stunde vor dem Training nicht. (Wenn Sie gar nicht Rauchen oder Trinken, brauchen Sie keinen negativen Einfluß auf das Training befürchten!)

Halten Sie Ihren Körper sauber, waschen Sie sich (besonders wenn Sie vorher im Kohlenkeller waren) die Füße – lieber einmal öfter als zuwenig! Ziehen Sie Latschen an, wenn Sie zur Matte gehen.

Schneiden Sie unbedingt Finger- und Fußnägel kurz. Lange Nägel könnten nicht nur Ihren Gegner verletzen, sondern auch die Ursache dafür sein, daß man Ihnen beim Training einen Nagel herunterreißt.

Versuchen Sie Ihre Frisur so zu modifizieren, daß Ihnen die Haare nicht ins Gesicht hängen und Sie beim Training im Dunkeln stehen. Sie können Ihre wallende Haarpracht evtl. mit einem Gummi zusammenhalten, damit Ihnen kein freundlicher Partner büschelweise Haare ausreißt.

Nehmen Sie Ringe vor dem Training vom Finger – Verletzungsgefahr! Verzichten Sie während der Übungsstunde auf den Schmuck von Kettchen, Ohr- und Nasenringen etc.

Kaufen Sie keinen zu kleinen Judoanzug – Ellenbogen und Knie sollen bedeckt sein. (Sie holen sich sonst an diesen Stellen leicht Schürfwunden) Die Hose soll aber andererseits nur bis zum Knöchel reichen, damit Sie nicht darauf treten. Tragen Sie eine bequeme Unterhose. Waschen Sie Ihren Judoanzug ab und zu!

Dabei:

Kommen Sie pünktlich zum Training, nölen Sie nicht beim Ausziehen oder Bindenwickeln.

Binden Sie Ihren Gürtel folgendermaßen:
In der Mitte erfassen, so daß beide Enden gleichlang herunterhängen. Die Mitte gegen den Bauch legen, beide Gürtelenden um die Hüften herum und wieder nach vorn führen. Rechtes Gürtelende unter den Gürteln hindurchstecken, etwas anziehen und dann linkes Ende von unten um das rechte schlingen und den Knoten so zusammenziehen, daß **beide** Enden nach unten weisen.

Eine der wichtigsten Judoübungen in vielen Dojos besteht im Mattenaufbau. Drücken Sie sich nicht, machen Sie auch dann mit, wenn Sie Dan-Träger oder stellvertretender Hilfskassierer des Vereins sein sollten.

Gehen Sie regelmäßig zum Training, steigern Sie sich langsam. Nehmen Sie das Training ernst – aber nicht zu feierlich. Versuchen Sie nicht japanischer als die Japaner zu sein. Inzwischen ist der Zen-Buddhismus in Japan weitgehend durch den Yen-Buddhismus ersetzt worden.

Machen Sie bei der Gymnastik nach Kräften mit, hören Sie nicht gleich bei den geringsten Ermüdungserscheinungen auf. Aber überfordern Sie sich auch nicht; wenn Sie bisher kaum Sport getrieben oder Monate nicht trainiert haben, können Sie das nicht an einem Tag „aufholen".

Wenn Ihr Trainer etwas erklärt, hören Sie gefälligst zu und kichern Sie nicht mit Ihrem Nachbarn. (Wenn die Erläuterungen des Trainers stundenlang dauern oder Ihnen sonst etwas am Unterricht nicht paßt, machen Sie den Übungsleiter gelegentlich darauf aufmerksam – er merkt es vielleicht gar nicht.)

Bemühen Sie sich beim Üben der Techniken intensiv mitzumachen. Sitzen Sie nicht nutzlos in irgendeiner Ecke herum. Üben Sie zumindest eine Weile das, was der Lehrer gerade erklärt hat. Wenn etwas trotz aller Bemühung nicht funktioniert, gehen Sie zum Trainer und bitten Sie um Rat.

Beim Training werden Übungskämpfe durchgeführt. Machen Sie mit. Seien Sie rücksichtsvoll, kämpfen Sie auch mit „Dickeren". Schonen Sie Ihnen gewichts- oder kampftechnisch Unterlegene, werfen Sie nicht unnötig hart – geben Sie Anfängern eine Chance. „Mauern" Sie nicht. Passen Sie auf, wo Sie jemanden hinwerfen – Sie sind auf der Matte nicht allein. Seien Sie vorsichtig am Mattenrand – werfen Sie nicht nach außen. Wenn Sie eine Verletzung haben, machen Sie Ihre Partner darauf aufmerksam, damit diese Obacht geben und nicht immer „auf's Schlimme" hauen.

Sie und Ihre Kameraden gehen zum Judo um Spaß daran zu haben und körperliches Wohlbefinden zu erzielen – sorgen Sie konsequent dafür, daß alle Verletzungsgefahren so gering wie irgend möglich gehalten werden. Vermeiden Sie riskante Manöver. Machen Sie ergeizige Sportfreunde darauf aufmerksam, daß Training und Kampf weder in Zusammenhang mit dem Ausbruch eines neuen Weltkrieges stehen, noch zur Erhöhung der Anzahl der Frührentner gedacht sind.

Nachher:

Brausen Sie nach dem Training gründlich – zum Abschluß am besten kalt – Sie fühlen sich danach sauwohl. Trocknen Sie sich im Winter gründlich ab und ziehen Sie sich warm an!

Trinken oder rauchen Sie nicht unmittelbar im Anschluß an das Training – lassen Sie den Körper erst zur Ruhe kommen.

Entspannen Sie sich nach dem Training – gehen Sie mit Ihren Sportkameraden noch ein bißchen quatschen und trinken Sie ruhig etwas. Bei intensivem Training haben Sie z. B. 1 – 3 kg ausgeschwitzt. Sie brauchen sich deshalb nicht zu grämen, wenn Sie Durst haben – die fehlende Flüssigkeit muß schließlich ersetzt werden!

Gehen Sie einmal jährlich – falls Sie Beschwerden haben baldmöglichst – zum Arzt und bestehen Sie auf einer halbwegs gründlichen Untersuchung.

Gedanken und Anregungen zur Körperschule

Je höher der Leistungsstand des Judoka, je intensiver sollte Gymnastik betrieben werden. Gymnastik als trainingsbegleitende Übung dient folgenden Zielen:

1. Sie soll als Bindeglied zwischen Alltag und Übungsstunde fungieren, den Körper gezielt auf das Training vorbereiten und in Leistungsbereitschaft versetzen.

2. Muskeln und Gelenke sollen aufgewärmt, gelockert und gekräftigt werden, um die Verletzungsgefahr auf ein Minimum zu reduzieren. Der Körper soll durch Dehnübungen beweglicher gemacht und die Körperbeherrschung gefördert werden.

3. Gymnastik soll die Kondition, d. h. die Leistungsfähigkeit der Organe stärken und Willen und Ausdauer des Sportlers erhöhen.

4. Gymnastik soll die Trainingsgemeinschaft fördern und nicht nur Schweiß produzieren, sondern Spaß am sich bewegen und Vorfreude auf das anschließende Training vermitteln. Gemeinsame Gymnastik soll helfen, persönliche Trägheit zu überwinden.

Gymnastik soll weder zu lange dauern (10–25% der Trainingszeit), noch sollen Kräfte und Konzentrationsfähigkeit der Judoka schon bei der Gymnastik verschlissen werden. Es ist sinnvoller für ein spezielles Kraft- bzw. Konditionstraining 5–10 Minuten am Trainingsende zu reservieren.

Besonders empfehlenswert zur Förderung der Kondition ist eine Beschäftigung mit kreislaufwirksamen Sportarten an Nichttrainingstagen, z. B. 3–5 km wöchentlicher Waldlauf mit Gleichgesinnten, regelmäßiges Schwimmen, Radfahren, Rudern o. ä.

An Nichttrainingstagen, bzw. in kleinerem Umfang zum Trainingsabschluß sei Fortgeschrittenen und Wettkämpfern die Beschäftigung mit Gewichten empfohlen (siehe auch: Alistair Murray, **KRAFT-TRAINING** – Gewichtheben für Fitness und Leistungssport). Auch für die „Hausarbeit" ist Besitz und Benutzung z. B. einer Hantel und eines Expanders nützlich. Statt des Expanders kann auch für die Entwicklung der beim Judo notwendigen Zugkraft ein (preiswerter) Fahrradschlauch verwendet werden.

Zur Förderung von Kraft und Beweglichkeit ist eine möglichst regelmäßige Zweckgymnastik außerhalb des Trainings, Laufen und Krafttraining besonders anzuraten.

Zur Gymnastik bei Trainingsbeginn verteilen die Anwesenden sich auf der Matte oder stellen sich im Kreis auf. Die einzelnen Übungen werden zunächst meist auf der Stelle ausgeführt – man beginnt mit Aufwärm- und Lockerungsübungen, geht dann zu Dehn- und Kraftübungen für einzelne Körperpartien über und beendet die Gymnastik mit Partnerübungen und Spielen.

Gymnastik kann auch aus der Bewegung ausgeführt werden, indem alle in verschiedenen Schrittarten zirkuspferdähnlich um die Matte laufen und dafür geeignete Übungen, z. B. jeweils 1 Runde wiederholen. Zum Verschnaufen werden Runden in langsamer Gangart eingelegt.

Einzel- und Partnerübungen aus der Bewegung können auch an einer Seite beginnend längs der Matte ausgeführt werden, wobei die „Faulen" keine Chance haben, sich zu drücken.

Es ist günstig, Gymnastik auf der Stelle und Übungen aus der Bewegung zu kombinieren. Konditionell anstrengende Übungen sollen mit kreislaufschonenden Lockerungs- und Dehnübungen abwechseln. Die Intensität der Gymnastik sollte sich nach dem Leistungsdurchschnitt der Anwesenden richten. Tagesstimmung, Klima und Kampfsaison sollten berücksichtigt, d. h. harte mit gemütlicherer Gymnastik abwechseln. Man kann auch einzelne Gymnastikübungen in „Trainingspausen" einbauen.

Es ist nicht erforderlich, daß **immer** nur der Trainer die Gymnastik leitet, sondern durchaus zweckmäßig, gelegentlich ein anderes Mitglied der Trainingsgemeinschaft oder einen Gast damit zu beauftragen.

Die folgende Aufstellung gebräuchlicher Gymnastikübungen (Training mit Fortgeschrittenen) soll als Anregung zur Zusammenstellung einer abwechslungsreichen Körperschule dienen, die an den einzelnen Trainingstagen variiert werden sollte.

Einzelübungen im Stand

Alle springen auf der Stelle, abwechselnd Beine vorwärts/rückwärts bewegen und/oder seitwärts grätschen und schließen (Fig. 7–9). Man kann auch mit dem Judogürtel „Seilspringen".

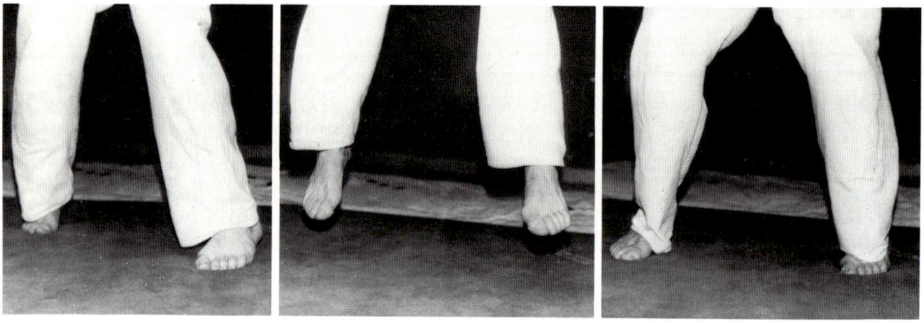

Fig. 7–9

Kniebeugen, Oberkörper aufrecht, auf dem Ballen oder der ganzen Sohle stehen (20–200 Mal). Besonders beliebt ist es, in der Kniebeuge einmal nachzufedern und dann den ganzen Körper streckend und die Arme hochreißend hochzuspringen, um wieder in die nächste Kniebeuge zurückzufallen.

Die Arme waagerecht vor den Körper strecken, Handflächen zeigen nach unten, Fäuste kräftig öffnen und schließen (50–500 Mal) (Fig. 10).

Fig. 10

Arme vor den Körper strecken, Handflächen nach oben, Fäuste locker und schnell abwechselnd an die Schulter reißen

180° Sprungdrehung um die eigene Achse, Bewegung wie bei Koshi-waza (10–100 Mal).

Arme seitwärts strecken, Handflächen nach unten oder oben und mit den Armen im Schultergelenk abwechselnd kleine Kreise schnell und große Kreise langsam ausführen.

Arme waagerecht (oder höher) vor den Körper strecken, Handflächen zeigen nach unten, abwechselnd einen Fuß oder beide Füße bis zu den Handflächen hochreißen.

Füße in Schulterbreite, Arme im Ellenbogengelenk anwinkeln: Körperdrehung rechts und links seitwärts möglichst weit nach hinten (Fig. 11).

Fig. 11/12

Füße geschlossen, Handflächen seitlich an die Oberschenkel legen, Körper möglichst weit nach rechts (rechte Hand rutscht nach unten, linke nach oben) und nach links (Hände analog) beugen (Fig.12).

Schultern ruhig halten, mit der Hüfte nach rechts und links stoßen und/oder Bauchtanz ausführen.

Mit durchgedrückten Knien Körper nach vorn beugen und nachwippen: Erst berühren die Fingerspitzen, dann die Handflächen den Boden (Fig. 13). Mit den Händen die Fesseln fassen, Kopf zu den Oberschenkeln ziehen. Am schwersten ist die Übung mit geschlossenen Füßen. Anschließend Hände über den Kopf heben und Körper so weit wie möglich nach hinten beugen.

Beine weit grätschen, Oberkörper aufrecht. Ein Knie wird gebeugt, das andere gestreckt. Die Zehen zeigen in die gleiche Richtung (Tai-otoshi-Position). Nachwippen und mehrfach umwechseln (Fig. 14).

Fig. 13/14

Einzelübungen am Boden

Auf den Rücken legen, Hände hinter dem Nacken verschränken, Beine anheben und „Radfahren" (Fig. 15), anschließend in gleicher

Fig. 15

Position Füße einzeln oder geschlossen handbreit über dem Boden kreisen lassen, Beine schließen und grätschen (auch über Kreuz), die Unterschenkel gegenläufig im Kniegelenk kreisen lassen oder „Ausruhen" indem man die Füße 10 Sekunden bis 1 Minute 10 cm über der Matte hochhält.

Auf dem Rücken liegend Kopf heben und senken, und rechts und links schütteln (Fig. 16), anschließend in die Brücke gehen, auf dem Kopf drehen, aus der Rücken- in die Bauchlage überwechseln und zurück.

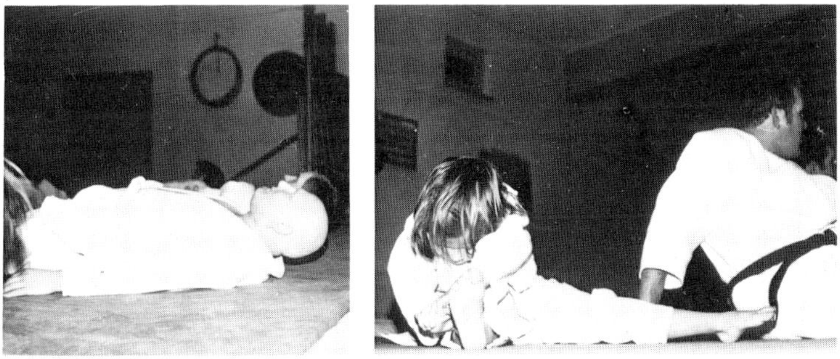

Fig. 16/17

Auf dem Rücken liegend Oberkörper aufrichten, Knie durchdrücken und Stirn auf das rechte oder linke Knie bringen (Fig. 17) oder auf die Matte zwischen den gegrätschten Beinen. Oberkörper wieder ablegen (3–30 Mal).

Auf dem Rücken liegend die Füße über den Kopf anheben und mit den Fußspitzen hinter dem Kopf die Matte berühren. Anschließend aus der gleichen Position rechts rückwärts überrollen, auf dem Bauch vorwärts krabbeln und links rückwärts überrollen usw.

Liegestütz auf Handflächen, Fingerspitzen oder Handrücken gelegentlich auch auf einem Arm. Besonders zu empfehlen ist Liegestütz mit Durchrollen (10–100 Mal) (Fig. 18–20).

In Liegestütz-Position Unterarme auf die Matte legen, ein Bein unter dem anderen hindurch möglichst weit nach außen schieben und dann das andere Bein durchschieben usw.

Fig. 18–20

Auf den Bauch legen, Hohlkreuz machen und schaukeln (Dicke-Frauen-Übung – sog. „aufschaukeln“, Fig. 21).

Auf den Bauch legen, Hände auf den Rücken, Stirn auf die Matte setzen und hochkrabbeln, (Fig. 22) anschließend Kopfstand (Fig. 23) und in dieser Stellung „Radfahren“.

Auf den Bauch legen, Arme, Beine und Körper strecken. Handflächen auf die Matte, Zehen aufsetzen und den Bauch langsam hochheben und langsam wieder ablegen (Fig. 24).

Fig. 21/22

Fig. 23

Partnerübungen im Stand

A und B stellen sich gegenüber, strecken die Arme, legen ihre Handflächen gegeneinander und falten die Finger. Die Füße werden auseinander gestellt, beide Partner bewegen sich nun aufeinander zu (nicht küssen!) und drücken sich aus dieser Stellung zurück (Fig. 25). Je weiter die Füße auseinander gestellt werden, je schwerer ist die Übung.

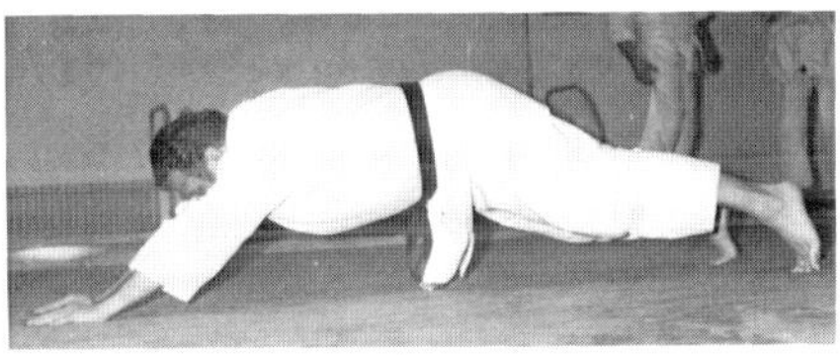

Fig. 24

A lädt seinen Partner Kata-guruma-ähnlich auf und macht (evtl. mit Körperdrehungen) mit diesem „Sack" Kniebeugen.

A steht vor B. B erfaßt A's Gürtel. A springt B an, schlingt die Beine um B's Taille und verschränkt die Füße. A beugt sich nach hinten (Kopf baumelt in Mattennähe) und richtet sich wieder auf (Fig. 26). Die Übung kann auch in hängender Position ausgeführt werden, wobei A den Oberkörper (Gesicht nach unten) hebt und senkt, und B A's Gürtel am Rücken erfaßt (3–30 Mal).

Fig. 25/26

A legt sich auf den Rücken, B stellt sich an A's Kopfende und bückt sich. A faßt um B's Genick, B richtet sich auf, wobei A schließlich die Arme anzieht und beugt sich dann wieder soweit nach vorne, bis A liegt usw. (Fig. 27).

A steht vor B und erfaßt dessen Revers mit beiden Händen. Ein weiterer Partner faßt A's Fesseln. B faßt A's Arme. A zieht sich jetzt an B hoch, läßt sich dann durchhängen und zieht sich erneut hoch (Fig. 28).

A faßt mit beiden Händen um B's Genick. B erfaßt A unter den Achseln. A springt mit den Füssen hoch und legt sich bäuchlings

Fig. 27/28

(Position wie bei O-goshi) um B's rechte Hüfte. Anschließend schwingt er auf B's linke Hüfte herum, wobei B die Übung unterstützt, indem er den Pendelnden jeweils im richtigen Moment etwas hochstemmt (Fig. 29).

A steht vor B, setzt die Hände auf die Matte und macht Kopfstand, B erfaßt A's Fesseln. Nun drückt sich A aus dem Kopfstand in den Handstand hoch und geht wieder zurück in den Kopfstand usw. B hilft Balance halten (Fig. 30).

Fig. 29/30

A stellt sich Rücken an Rücken mit B, beide verschränken ihre Unterarme, A geht mit dem Gesäß unter den Hintern von B und beugt sich mit dem Partner nach vorne, macht evtl. Kniebeugen und stellt den Partner wieder ab. Anschließend wiederholt B die Übung usw.

B beugt den Oberkörper nach vorn und macht die Beine breit. A macht einen Bocksprung über B, geht zu Boden, krabbelt auf dem Bauch zwischen B's Beinen hindurch, steht auf und macht den nächsten Bocksprung (5–50 Mal – hervorragende Übung zum Trainingsabschluß).

Partnerübungen am Boden

A legt sich auf den Rücken, B erfaßt seine Fesseln, A richtet sich abwechselnd auf und legt sich zurück, B macht in entsprechendem Rhythmus Liegestütz (Fig. 31).

Fig. 31/32

B kniet sich in der Bank hin. A setzt sich verkehrt herum auf B, verhakt seine Füße unter B's Oberschenkeln und legt sich zurück, bis der Kopf die Matte berührt. Anschließend wieder aufrichten usw. (Fig. 32).

Fig. 33/34

Fußpilzabimpfen: Beide setzen sich hin, Fußsohle an Fußsohle, Beine auseinander, verhaken die jeweils vordersten Fingerglieder und setzen an den Armen ziehend die „Mühle" in Bewegung (Fig. 33).
A setzt sich Rücken an Rücken hinter B. Beide verschränken die Unterarme. A geht hoch und drückt B mit dem Kopf in Richtung Matte, nachwippen. Anschließend wiederholt B die Übung usw.

Einzelübungen aus der Bewegung

Man hüpft auf einem Bein (abwechselnd rechter und linker Fuß) vorwärts.
Affenspaziergang: Auf allen Vieren vorwärts laufen.
Karnickelflucht: Handflächen berühren die Matte, mit beiden Beinen gleichzeitig vorwärts hüpfen.
Entengang: In der Kniebeuge vorwärts laufen.

Fig. 35/36

Alle legen sich auf den Bauch, lassen die Beine schleifen und robben auf den Unterarmen bzw. Handkanten vorwärts (Bild 34). Die Übung ist besonders beliebt, wenn man beide Arme gleichzeitig anzieht oder sich ein feister Partner mitziehen läßt.
Man legt sich hin, Kopf in „Fahrtrichtung", knickt auf einer Seite in der Hüfte ein, zieht dabei den Unterkörper nach, setzt den Fuß auf und bewegt sich vorwärts, indem man auf der anderen Seite einknickt usw. (Fig. 35).

Radschlagen: Abwechselnd rechts und links.
Kopf- und/oder Oberarmkippe.

Partnerübungen aus der Bewegung

Die Hälfte der Anwesenden lädt einen etwa gleich schweren Partner, wie bei Kata-guruma auf und läuft, evtl. unterbrochen von einigen Kniebeugen, mit dem Partner um oder über die Matte (Fig. 36).
Die Hälfte der Anwesenden lädt sich jeweils einen Partner, wie bei O-goshi, auf die Hüfte und läuft, evtl. ebenfalls unterbrochen von Kniebeugen, mit dem Partner über die Matte oder hüpft ein Stück mit demselben.
Ein Partner setzt sich auf die Matte (Rücken in Fahrtrichtung) der andere faßt in sein Revers am Genick und schleift den Partner über die Matte (Fig. 37).

Fig. 37

Ein Partner nimmt den anderen auf den Arm und trägt „die dicke Braut" über die Matte (Fig. 38).
A legt sich auf den Rücken, B geht verkehrt herum in den Liegestütz, wobei er A's Fesseln faßt. A faßt B's Fesseln. Jetzt rollen die Partner zur Seite und weiter über die Matte, wobei sich der jeweils Obenliegende hochdrückt (Fig. 39).

A stellt sich hin, B legt sich vor ihn auf den Rücken, erfaßt A's Fesseln und hebt seine Beine an. A erfaßt B's Fesseln. Nun setzt A B's Fußsohlen nach vorne rollend auf die Matte, uberrollt und zieht dadurch B hoch: Panzerfahren über die Matte. (besondere Trainingsgaudi: diese Übung zu Dritt – wenn der Trainer einen Kasten Bier aussetzt, geht es sogar zu Viert!)

Fig. 38/39

Spiele

Ein Partner kniet sich in der Bank hin und setzt die gestreckten Arme auf die Matte. Der Nächste kriecht auf dem Bauch unter ihm hindurch und kniet sich in gleicher Weise eine Körperbreite dahinter. Der Folgende kriecht unter dem ersten durch, zieht sich bäuchlings über den Zweiten hinweg und kniet ebenfalls eine Körperbreite dahinter nieder, der Nächste folgt, bis alle in der „Riesenschlange" tätig sind.
Alle stellen sich im Kreis auf, verhaken die Unterarme und erfassen die eigenen Revers. Einer/oder mehrere (z. B. der Trainer, ein Zuspätkommer oder ein Mattenaufbau-Muffel) kommen in die Mitte und müssen versuchen, auszubrechen. Der oder die an der Stelle stehen, wo das gelingt, müssen anschließend in die Mitte, die Ausbrecher fügen sich in den Kreis ein.
Alle stellen sich auf die Matte, verschränken die Arme vor der Brust, heben ein Bein hoch (Unterschenkel in die Kniekehle des anderen

Beins!) und versuchen sich hüpfend gegenseitig zu schubsen. Wer das Bein absetzt, umfällt oder von der Matte kommt, hat verloren – wer übrig bleibt ist Sieger.

Alle legen sich in zwei Reihen längs der Mattenmitte Kopf an Kopf auf den Rücken. Die eine Partei sind z. B. „Polizisten" die anderen „Studenten" o. ä. Wenn jetzt der Trainer „Polizei" schreit, müssen die Studenten weglaufen, die Polizisten hinterher, wer **vor** dem Mattenrand erwischt wird, wird „Polizeibeamter" – welcher Haufen hat sich nach 3 Runden vermehrt?

Alle knien sich in zwei Parteien am Mattenrand gegenüber hin (einen Fuß von der Matte). Jede Partei wählt (ganz demokratisch) einen „König". Der König der Gegenpartei ist nun an die eigene Mattenseite zu „tragen". Finden sich keine stabilen „Könige" tut es auch der Latschen des Trainers, der von beiden Parteien zum jeweils anderen Mattenrand transportiert werden muß.

Hervorragende Anregungen für eine zweckmäßige und abwechslungsreiche Körperschule finden Sie in den Büchern:

GYMNASTIK... Körperschule die Spaß macht

SPIELE für Sport + Freizeit

die im gleichen Verlag erschienen sind.

Theorie und Praxis der Falltechnik

(Fallen ist keine Schande
– aber liegenbleiben)

Fallen ist eine der ersten Übungen, die jeder Judoka erlernen muß. Nur eine Beherrschung der Falltechnik ermöglicht ein ungefährliches Wurf- und Kampftraining. Durch gründliches Üben und ständige Wiederholungen muß richtiges Fallen zur instinktiven Handlung werden, die aus jeder Situation und ohne Furcht vor Höhe und Härte mancher Würfe sicher ausgeführt wird.

Nehmen Sie das Erlernen der Falltechnik ernst – viele Judoka, Fußgänger, Rentner oder Hausfrauen verletzen sich durch unsachgemäßes Fallen. Falls die Gipsverbände anderer für Sie kein Argument sein sollten, Sie Ihre kostbare Zeit nicht mit Fallübungen „vertrödeln" wollen, d.h. wenn Sie sich durch einen besonders dicken Schädel auszeichnen, können Sie natürlich auch jeweils beim Landeanflug beten:

„Lieber Gott, laß mich auf den Kopf fallen,
damit ich mir nicht weh tue".

Ein fallender Körper besitzt eine gewisse Energiemenge, die von seinem Gewicht, der Fallhöhe und weiteren eventuell auf ihn einwirkenden Kräften abhängt.

Im Moment des Aufpralls setzt sich diese Energie in Verformungsarbeit um und wirkt auf den gefallenen Körper und den Untergrund. Je nach Beschaffenheit werden der Untergrund und der gefallene Körper mehr oder weniger gestaucht oder demoliert. Je kleiner die Aufschlagfläche, je größer die Deformation.

Beim Aufprall eines Körpers auf der Matte wird die Matte elastisch verformt, d.h. der Körper „federt" und wird ein wenig nach oben zurückgeschleudert (Trampolineffekt). Im gewissen Maße gilt das Gleiche für die aufkommende Körperpartie, wenn die Muskulatur angespannt ist (Ping-Pong-Ball-Prinzip).

Trampolineffekt und Ping-Pong-Ballprinzip bewirken, daß man auf der Matte einen Sturz aus z. B. 50 cm Höhe auch ohne Falltechnik schadlos übersteht. Ist die Aufschlagfläche jedoch zu klein (z. B. wenn man sich beim Rückwärtsfallen mit der Hand abstützt oder beim Vorwärtsfallen auf der Schulterspitze landet) oder fällt man auf Beton (Trampolineffekt entfällt!), so kann bereits eine geringere Fallhöhe zu Verletzungen führen, weil der aufprallende Teil des Körpers die einwirkenden Kräfte nicht mehr unbeschadet aufnehmen kann.

An die Fallkünste des Judoka werden erhebliche Anforderungen gestellt: Bei manchen Würfen fällt man aus über 1,50 m Höhe und häufig wird der Aufprall noch wesentlich durch Zug oder Druck des werfenden Gegners verstärkt. Daher ist eine spezielle Falltechnik erforderlich, deren Wirksamkeit auf folgenden Punkten beruht:

1. Man soll mit Körperpartien aufkommen, die ein Stauchen relativ gut vertragen und runde flüssige Bewegungen ausführen.
2. Die Fläche, die der Verformungsarbeit unterworfen wird, ist groß zu halten, damit der Druck (Kraft/cm^2 Aufschlagsfläche) möglichst gering wird.
3. Ein möglichst großer Teil der auf den Körper im Moment des Aufpralls deformierend wirkenden Kraft soll durch Erzeugen einer Gegenkraft (Aufschlagen im richtigen Moment) unwirksam gemacht werden.

Daraus folgen die Grundprinzipien der Falltechnik. Man soll die Muskulatur anspannen und mit möglichst großer Körperoberfläche (Rücken/Seite) aufkommen bzw. abrollen. Man darf Ellenbogen, Schulter, Kopf etc. **nicht** tippen lassen. Man soll im Moment des Aufpralls kräftig aufschlagen, und zwar aus folgendem Grund:
Die auf den Körper im Moment des Aufpralls einwirkende „Fallkraft" wirkt senkrecht in Richtung Matte.

Schlägt der Judoka nun im Moment des Aufpralls mit Arm und Fuß auf die Matte, so erzeugt er (wie eine Bremsrakete) eine Kraft mit umgekehrtem Richtungssinn, die einen Teil der „Fallkraft" aufhebt, so daß die verbleibende „Restfallkraft" nur noch gering ist, d. h. von einer hinreichend großen Körperfläche schadlos aufgenommen wird.

Bei O-goshi fällt der ganze Körper zu Boden. Daher muß der Judoka mit einem Arm **und** beiden Füßen kräftig aufschlagen, um Ober- und Unterkörper durch „Bremsraketen“ zu schützen. Bei De-ashi-barai fällt vor allem der Oberkörper zu Boden, so daß es genügt, mit dem Arm kräftig aufzuschlagen – die Fußhaltung ist relativ unwichtig. Das Umgekehrte gilt für Tomoe-nage; hier müssen vor allem die Füße den Unterkörper durch Aufschlagen schützen.

Bei einem Hechtsprung über ein Hindernis wirken auf die fallende Person a) die Fallkraft senkrecht zur Matte und b) die durch den Sprung erzeugte Kraft waagerecht zur Matte. Beide Kräfte beeinflussen sich, d.h. der Körper schlägt in Richtung der Resultierenden R im spitzen Winkel auf (Fig. 40). In dieser Richtung ist es, da die Matte waagerecht liegt, kaum möglich eine Gegenkraft zu erzeugen, so daß Armaufschlagen nur wenig nützt. Um den Körper in diesem Fall zu schützen, empfiehlt es sich abzurollen (Reibung und Deformation der Matte), die Beine gegen die Matte zu stemmen und die Fallkraft zum Aufstehen zu benutzen (Fig. 40). Dieses Prinzip gilt auch für einen Teil der Sutemi-waza.

Man kann nach allen Richtungen fallen. Im Judo sind jedoch nur drei Richtungen üblich. Am häufigsten seitwärts, vorwärts oder rückwärts.

Fig. 40

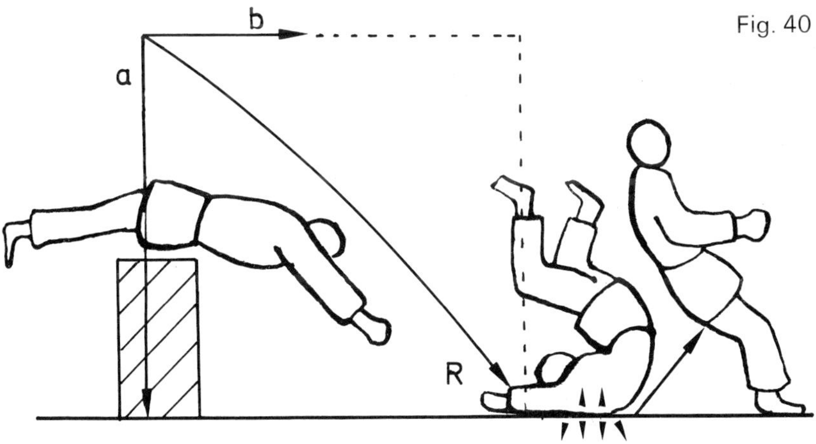

Wie gesagt, das Erlernen der Falltechnik ist wichtig und muß intensiv geübt werden – trotzdem, zu Anfang sollte der Trainer keine zu hohen Qualitätsanforderungen stellen, die einzelnen Phasen nicht zu lange üben lassen und in den ersten Trainingsstunden nicht **nur** Fallen, sondern auch noch etwas Interessantes zeigen. Fortgeschrittene sollen später nicht mehr allzu viel Zeit für Fallübungen aufwenden – in guten Clubs wird mehr Wert auf Werfen gelegt.

a) Die Seitwärtsfallübung

Die Fallübung seitwärts ist die häufigste Falltechnik beim Judo. Sie schützt den Körper von der Hüfte an aufwärts vor dem Aufprall.

Zum Üben setzt sich der Anfänger auf die Matte und streckt seine Beine nach vorn (Fig. 41). Nun läßt er sich nach rechts seitwärts zu Boden rollen und macht dabei seinen Rücken rund. Diese Bewegung soll geschmeidig erfolgen – der Körper darf kein lautes Aufschlaggeräusch verursachen. Beim Umrollen wird das Kinn gegen

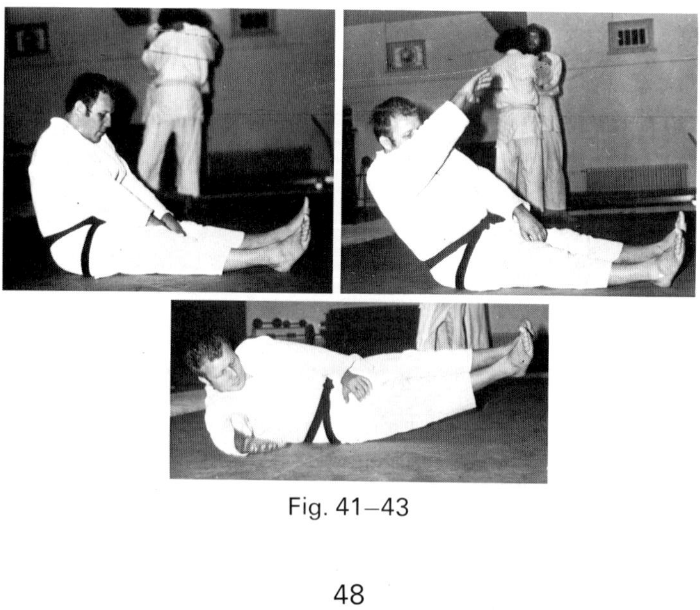

Fig. 41–43

die rechte Schulter gepreßt, so daß der Kopf die Matte nicht berührt.
Hat man sich an diese Bewegung gewöhnt, so schlägt man kurz bevor die Schulter die Matte berührt – mit der Handfläche und der Innenseite des rechten Unterarms kräftig von oben nach unten auf die Matte (Fig. 42). Der rechte Arm ist dabei im Ellenbogengelenk leicht angewinkelt, der linke Arm wird z. B. vor der Brust gehalten. Die Füße bewegen sich, weil man den Körper rund hält, nach oben (Fig. 43).
Beherrscht man diese Übung einwandfrei, führt man die Seitwärtsfalltechnik aus der Hocke aus (Fig. 44). Dabei schiebt man zur Einleitung des Umrollens den rechten Fuß vor dem linken nach vorn links über die Matte (Fig. 45), bis man in der beschriebenen Weise mit kräftigem Armschlag landet (Fig.46).
Kann man diese Übung ohne Furcht einwandfrei ausführen, geht man aus der Hocke allmählich etwas höher, bis man schließlich – immer den rechten Fuß nach links vorschiebend – aus dem Stand fallen kann (Fig. 47–49).

Fig. 44–46

Hat man beim Fallen aus stehender Position keine Schwierigkeiten mehr, kann man sich schließlich schwungvoll zur Seite werfen und später dabei auch noch beide Füße nach links hochwerfen, ohne daß beim Aufprall etwas Böses passiert. Man ist nun hervorragend vorbereitet, mit einem freundlichen Partner das Wurftraining z. B. mit De-ashi-barai aufzunehmen.

Fig. 47–49

b) Die Rückwärtsfallübung

Man setzt sich auf die Matte, umschlingt mit den Armen die Knie, macht einen runden Rücken und rollt rückwärts (Fig. 50/51). Dabei ist darauf zu achten, daß der Kopf nicht lose herumbaumelt, sondern das Kinn auf der Brust gehalten wird.

Anschließend übt man im Moment des Abrollens mit beiden Armen kräftig auf die Matte zu schlagen (Fig. 52). Dabei sollen beide Handflächen, beide Unterarme (Ellenbogengelenk-Winkel ca. 150°) und die Oberarme auf der Matte im selben Moment auftreffen.
Nun geht man in die Kniebeuge und wiederholt die Übung, indem man aus dieser Stellung zu Boden rollt. Das Aufschlagen der Arme soll ein „Teppichklopf-Geräusch" verursachen (Fig. 53/54).
Anschließend übt man das Rückwärtsfallen aus halbhoher Stellung und fällt schließlich aus den Stand, indem man jeweils vor dem Umkippen schnell in die Kniebeuge geht und wie beschrieben fällt.

Fig. 50–52

Eine weitere Übung besteht darin, die Fallübung im Anschluß an einige Rückwärtsschritte auszuführen oder indem uns ein Partner vor die Brust stößt. Werden die beschriebenen Übungen hinreichend beherrscht, kann man die Fallübung auch unter erschwerten Bedingungen üben, indem man hochspringt und sich nach rückwärts fallen läßt. (Fig. 55). Bei schwungvoll ausgeführter Fallübung rückwärts ist es empfehlenswert, die Beine zu grätschen, damit die Knie nicht im eigenen Gesicht landen. Eine weitere Möglichkeit für Fortgeschrittene besteht darin, sich auf einen knieenden Partner zu setzen und über dieses Hindernis nach rückwärts zu fallen.

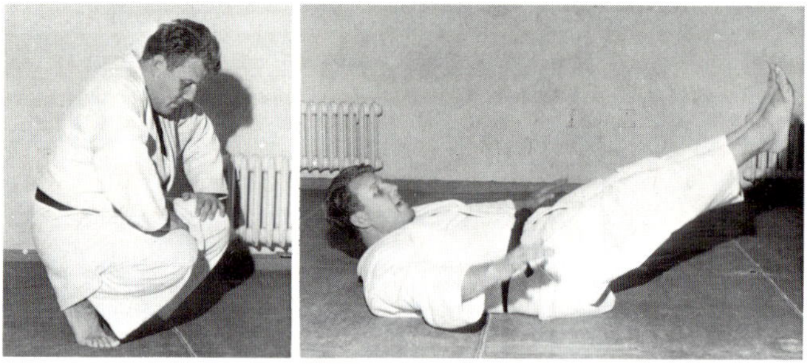

Fig. 53–55

c) Die Vorwärtsfallübung

Man legt sich gemütlich auf die Matte, hebt den rechten Arm und schlägt, sich nach außen drehend, mit dem rechten Unterarm und der Handfläche auf die Matte. Nach derartigem fleißigen „Teppichklopfen" hebt man den linken Fuß und schlägt mit der Fußsohle kräftig auf die Matte. Hat man diese Bewegung genügend oft wiederholt, hebt man den rechten Fuß und übt mit der Fußaußenkante (Zehen nach oben drehen, Knöchel hochhalten) auf die Matte zu schlagen. Beherrscht man diese Einzelbewegungen, so übt man mit Hand, Fußsohle und Fußkante gleichzeitig aufzuschlagen; dabei wird das Kinn an die rechte Schulter gepreßt und der linke Unterarm quer über der Brust gehalten (Fig. 56). Anschließend übt man die gleichen Bewegungen analog links und schlägt dann abwechselnd rechts und links auf, wobei man den Körper auf die jeweilige Seite dreht.

Fig. 56

Beherrscht man diese Übungen, wird die „Rolle vorwärts" ausgeführt. Man kniet rechts nieder und legt die rechte Handfläche auf die Matte, so daß die Finger nach vorn zeigen. Die linke Handkante wird so auf die Matte gesetzt, daß die Finger nach hinten zeigen (Fig. 57).
Nun blickt man zum rechten Fuß – Kinn an die rechte Schulter nehmen – und rollt (Rücken rund machen!) über die linke Schulter ab, ohne daß die Schulterspitze auf der Matte aufkommt (Fig. 58/59). Nach dem Überrollen schlägt der im Ellenbogengelenk eingewinkelte rechte Unterarm und die Hand sowie gleichzeitig die linke Fußsohle und die rechte Fußaußenkante (wie anfangs geübt – Fig. 56) kräftig und geräuschvoll auf die Matte (Fig. 60).
Beherrscht man diese Übung, wird Fallen vorwärts aus der Hocke und schließlich aus dem Stand geübt. Wenn man die Übung anschließend aus dem Vorwärtslaufen oder nach einem Sprung über einen Partner übt, ist besonders darauf zu achten, daß der Kopf gut zur Seite gedreht und die Schulterspitze nicht gestaucht wird. Hat man die geschilderten Übungen genügend oft geübt, kann man mit dem Erlernen von Hüft- oder Schulterwürfen beginnen, wobei man seine Fallübung weiter verbessert.

Fortgeschrittene üben dann später diese Falltechnik, indem sie sich am Ärmel eines stehenden Partners festhaltend überschlagen und schließlich indem sie (ohne Partner) nach einem halben Salto seitwärts-vorwärts landen.

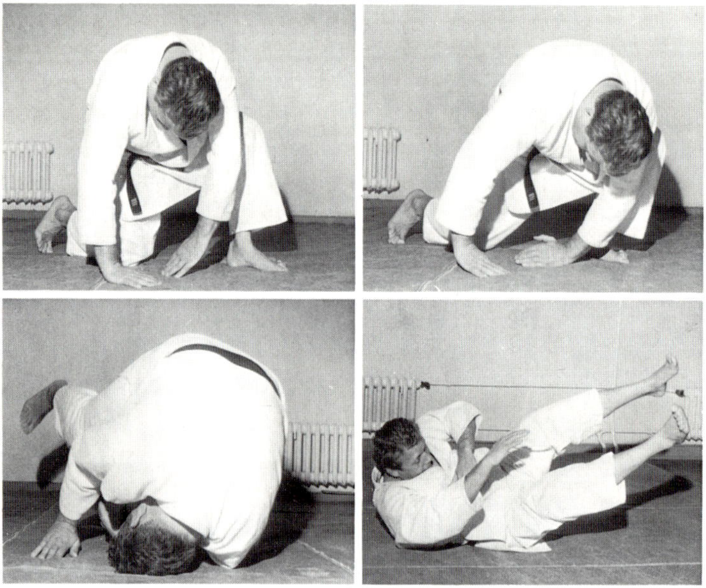

Fig. 57–60

Zur gelegentlichen Übung sei Fortgeschrittenen noch empfohlen, die rechte Hand zur Faust zu ballen und mit dem Handrücken und der Unterarmaußenseite aufzuschlagen, eine Technik, die man benötigt, wenn man z.B. bei Koshi-waza stärker als normal gedreht wird, und (fast bäuchlings) auf die Seite fällt, was im Kampf gelegentlich vorkommt.

Bei jeder Übungsstunde sollen die Fallübungen wiederholt werden. Anfänger können dies auf einer für sie reservierten Mattenfläche zunächst individuell tun. Die Fortgeschrittenen versammeln sich im allgemeinen nach der Gymnastik an einer Schmalseite der Matte und fallen, eventuell unterbrochen von weiteren Gymnastikübungen einige

Male längs der Matte. Die einzelnen Fallübungen können nacheinander oder evtl. kombiniert geübt werden. Man kann auch über einen oder mehrere knieende Partner hinweg fallen. Bei einer anderen Übungsform stellen sich alle in einem großen Kreis auf und Üben auf Kommando fallen rückwärts bzw. nach „rechts um" (nach außen) fallen seitwärts.

Verletzungen beim Fallen treten kaum bei Kindern, eher bei erwachsenen Anfängern und vor allem bei ehrgeizigen Kämpfern auf. Leistet man im Kampf bei einem Wurfansatz zu lange Widerstand, so kann man unter Umständen keine Fallübung mehr ausführen. Jeder Kämpfer muß daher den Moment genau kennen, bis zu dem er Widerstand leisten darf. Wird dieser Punkt überschritten, muß er sich nur noch auf die Fallübung konzentrieren. Weiterer Widerstand ist meist nutzlos und erhöht das Verletzungsrisiko unverhältnismäßig.

Schwerpunkt – Balance – Δx

Das Hauptziel der Standtechnik ist die Erhaltung der eigenen Balance und die Zerstörung des gegnerischen Gleichgewichts.

Dabei spielt die Lage des Schwerpunktes eine wichtige Rolle. Schwerpunkt heißt die Stelle eines Körpers, an der man ihn (reibungslos) aufhängen könnte, ohne daß sich der Körper bewegt, d. h. wo er nach allen Seiten stabil ist. Man kann sich den Schwerpunkt auch als den Punkt eines Körpers vorstellen, in dem man die gesamte Masse des Körpers konzentrieren könnte, ohne seine Standsicherheit zu verändern.

Um die Vorgänge beim Umkippen näher zu erläutern, nehmen wir als Beispiel eine Säule (Fig. 61).

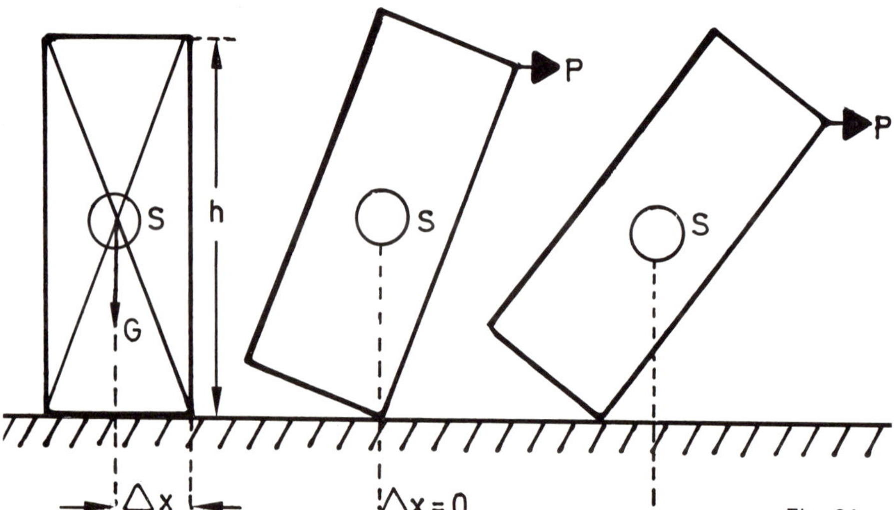

Fig. 61

Ihr Schwerpunkt (S) befindet sich im Schnittpunkt der Mittellinien und liegt um so höher, je länger die Säule ist. Die Säule bleibt solange stehen, wie sich ihr Schwerpunkt über der Grundfläche befindet. Die Säule fällt um, wenn der Schwerpunkt über eine Kippkante hinauswandert, z. B. wenn jemand an der Säule zieht (P). Das Kippmoment ist um so wirksamer, je größer P ist und je höher die Zugkraft angreift. Der Körper ist um so standfester, je schwerer er ist und je weiter der Schnittpunkt des Schwerpunktlots mit der Grundfläche von der Kippkante entfernt ist, d. h. je größer Δx ist.

$$G \cdot \Delta x > P \cdot h \qquad \text{(stabil)}$$

$$G \cdot \Delta x = P \cdot h \qquad \text{(labil)}$$

$$G \cdot \Delta x < P \cdot h \qquad \text{(kippen)}$$

Diese Gesetzmäßigkeiten gelten natürlich auch für den menschlichen Körper. Die genaue Lage des menschlichen Schwerpunktes (Tan-den) ist je nach Körpergröße und Haltung unterschiedlich. Vereinfacht kann man sagen, daß der Schwerpunkt in der Mitte des Körpers etwa in Nabelhöhe liegt. Solange sich der Schwerpunkt über der Fläche befindet, die von den Füßen begrenzt wird, steht der Judoka in Balance. Wandert der Schwerpunkt über eine Kippkante hinaus oder wird das Kippmoment durch Einwirkung einer Kraft größer als das Standmoment, muß der Kämpfer entweder einen Schritt machen (Grundfläche vergrößern) oder umfallen. Beim Judo ist es nun nicht üblich, darauf zu warten, daß der Schwerpunkt des Gegners (wie man bei Trunkenbolden beobachten kann) einen Wandertrieb bekommt, sondern man pflegt an dem Kameraden zu ziehen. Dabei entdeckt man, daß seine Standsicherheit von seiner Schrittstellung abhängt und je nach Zugrichtung unterschiedlich ist.
Der Gegner kippt am leichtesten nach der Richtung, in der Δx klein ist (Standmoment: $G \cdot \Delta x$). Man selbst sollte sich tunlichst so stellen, daß der Gegner in der mutmaßlichen Wurfrichtung ein möglichst großes Δx zu überwinden hat.
Steht jemand mit geschlossenen Füßen, so ist er nach allen Richtungen gleich „kipplig", d. h. Δx min. ist zu allen Kippkanten gleich. Je weiter

er nun seine Füße auseinander setzt, umso größer wird die Differenz zwischen Δx min. und Δx max. zu den entsprechenden Kippkanten. Eine breitbeinige Schrittstellung bedingt daher immer ein erhöhtes Risiko in Vorwärts-Rückwärts-Richtung und sollte darum nur kurzfristig und situationsbedingt (z. B. bei einem gefährlichen Wurfansatz des Gegners) eingenommen und nicht für länger beibehalten werden.

Steht der Gegner in enger Rechts-Vorwärtsstellung (Migi-shizen-tai), so ist er nach rechts und links labil, nach vorwärts und rückwärts aber recht standsicher (Fig. 62).

Fig. 62/63

Steht der Gegner in breiter Schrittstellung (Jigo-tai), kann er nach vorwärts und rückwärts leicht aus der Balance gebracht werden (Fig. 63). Seine Standsicherheit nach rechts und links hingegen ist recht gut.

Setzt der Gegner aus Jigo-tai seinen rechten Fuß zurück (Fig. 64), so verlaufen die Stabilitäts-Koordinaten nicht mehr rechtwinklig zum Körper, d. h. er ist in Hidari-jigo-tai nach links vorwärts und rechts rückwärts ziemlich stabil, hingegen nach rechts vorwärts und links rückwärts leicht angreifbar.

Wenn sich nun zwei Judoka gegenüberstehen und in stabilem Gleichgewicht verharren oder mit gleichem Kraftaufwand aneinander ziehen, kommt kein Kampf zustande – bestenfalls fällt einer von beiden irgendwann aus Altersschwäche um oder die Jacke reißt.

Das Risiko beginnt, wenn die beiden zu laufen beginnen. Man muß nämlich beim Laufen zunächst das ganze Körpergewicht auf einen

Fuß stellen, kann dann den anderen Fuß hochheben, vorsetzen und das Gewicht wieder auf beide Füße verteilen. Dabei tritt bei jedem Schritt eine periodische – einer sinusförmigen Kurve folgende Verlagerung des Schwerpunktes ein. Demzufolge ändert sich laufend Δx und damit ergeben sich bestimmte günstige Angriffsmomente während des Laufens.

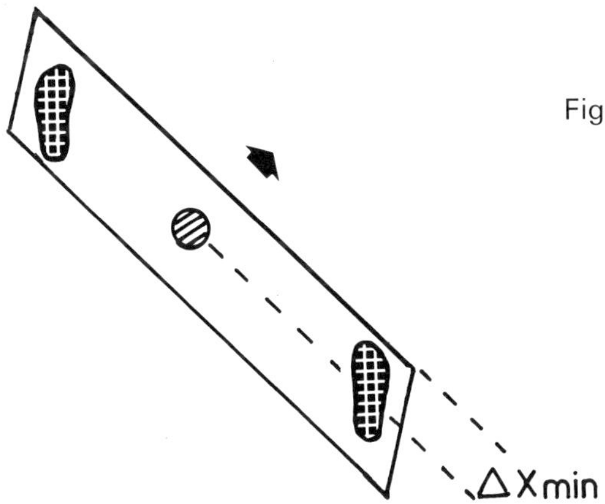

Fig. 64

Will einer der beiden Kämpfer ein Δx min. des Gegners zum Angriff nutzen, so muß er seinerseits eine instabile Position in Kauf nehmen, um sich einen eventuellen Vorteil zu verschaffen.

Beim Wurfansatz soll das aus den beiden Kämpfern durch das gegenseitige Anfassen, Ziehen und Drücken in der jeweiligen Kampfhaltung bestehende System kippen, d. h. der gemeinsame Schwerpunkt soll sich einer Kippkante nähern. Daraus folgt, daß Tori z. B. bei einem Koshi-waza-Ansatz einen möglichst engen Kontakt zum Gegner herstellen und sich außerdem in den Wurf hineinlegen muß – d. h. seinen Schwerpunkt in Wurfrichtung verschieben soll, damit die Kippmomente des Systems erheblich größer als die Standmomente werden und der Gegner weder stehenbleiben, noch kontern kann.

Bei Sutemi-waza muß Tori seine Balance völlig aufgeben (Sutemi = opfern), um den Gegner aus dem Gleichgewicht zu bringen und demzufolge fällt Tori stets mit dem Gegner zu Boden.

Die Grundlagen der Kampfbewegung

Grüßen

Auch beim Judo muß der Neuling korrektes Grüßen lernen. Die Verbeugung, ein Ausdruck japanischer Höflichkeit, hat diverse Bedeutungen, z. B.: Guten Tag/Danke/Entschuldigung/meine Verehrung/ich versichere, einen fairen Kampf zu führen.

Bei der Verbeugung im Stand legt man die Handflächen auf die Oberschenkel und beugt den Oberkörper (Kopf nickt nicht mit), so daß die Fingerspitzen etwa bis zum Knie abwärts gleiten (Fig. 65).

Fig. 65/66

Bei besonderen Anläßen (z. B. Kata-Demonstrationen oder Bodenkampf) wird die Verbeugung auch im Sitzen ausgeführt: Knien, Gesäß ruht zwischen den Unterschenkeln, Zehen übereinander, die Handflächen etwa 10 cm vor den Knien auf die Matte legen, Oberkörper senken (Fig. 66).

... übrigens Verbeugen und Händeschütteln haben den gleichen Ursprung: Früher, als man mit Hieb- und Stichwaffen kämpfte, bedeutete Verbeugen – also das Einnehmen einer zum Fechten ungeeigneten Position – Vertrauen zum Gegenüber und diente ebenso zur Demonstration friedlicher Absichten, wie das Handgeben, d. h. das Vorzeigen der Hand, die keine Waffe führt.

Stehen

Man unterscheidet zwei Kampfhaltungen:

a) Shizentai — Grundhaltung

Der ganze Körper soll locker und aufrecht sein, die Arme sind entspannt. Die Füße stehen schulterbreit nebeneinander, die Knie sind nur wenig eingewinkelt. Der Bauch wird ein wenig vorgeschoben (Fig. 67). Man vermeidet, in der Hüfte einzuknicken und sich nach vorn zu beugen. Setzt man das rechte Bein vor, heißt die Stellung Migi-shizentai, wird das linke Bein vorgestellt, Hidari-shizentai.

b) Jigo-tai — Verteidigungsstellung

Der Körper, insbesondere der Unterkörper und die im Ellenbogengelenk leicht angewinkelten Arme sind etwas angespannt (Fig. 68). Die Knie sind stärker gebeugt und die Füße stehen weiter als in Schulterbreite auseinander, wodurch der Schwerpunkt tiefer liegt. Wird das rechte Bein vorgestellt, nennt man die Stellung Migi-jigo-tai, wird das linke Bein vorgestellt, Hidari-jigo-tai.

Fig. 67/68

Laufen

Beim Laufen auf der Matte sind bestimmte Spielregeln zu beachten:

1. Halten Sie Ihren Oberkörper stets aufrecht, lassen Sie sich nicht aus der Balance ziehen oder drücken bzw. zu unachtsamen Schritten

verleiten. Verhalten Sie sich im Prinzip so, als würden Sie auf (nach allen Seiten beweglichen) Rollschuhen stehen. Wenn der Gegner zieht oder schiebt, ziehen oder drücken Sie nicht dagegen, folgen Sie gleitend mit leichtem Widerstand. Denken Sie bei jedem Schritt an die Angriffsmöglichkeiten, die Sie dem Gegner dabei bieten.

2. Machen Sie keine großen Schritte. Die Füße sollen normalerweise nicht weiter als schulterbreit auseinander, aber auch nicht zu dicht beieinander stehen. Setzen Sie die ganze Fußsohle auf. Belasten Sie vor allem den Ballen, stehen Sie nie auf den Fersen! Die Fußsohle bleibt stets in Mattennähe und schleift häufig leicht über die Matte.

3. Beim Laufen dürfen die Beine nicht „Über-Kreuz" gesetzt werden. Bei allen Körperdrehungen (Schulter, Hüfte und Füße bewegen sich gleichzeitig) ist es notwendig, das Standbein auf dem Ballen mitzudrehen (Fig. 69). Beim Vorwärts-, Rückwärts- oder Seitwärtslaufen macht man erst mit einem Fuß (Spielbein) einen nicht zu weiten Schritt, stellt sein Körpergewicht dann auf diesen Fuß und zieht anschließend den anderen Fuß nach ohne daß dieser den anderen Fuß überholt usw. (Tsugi-ashi) (Fig. 70).

Fig. 69/70

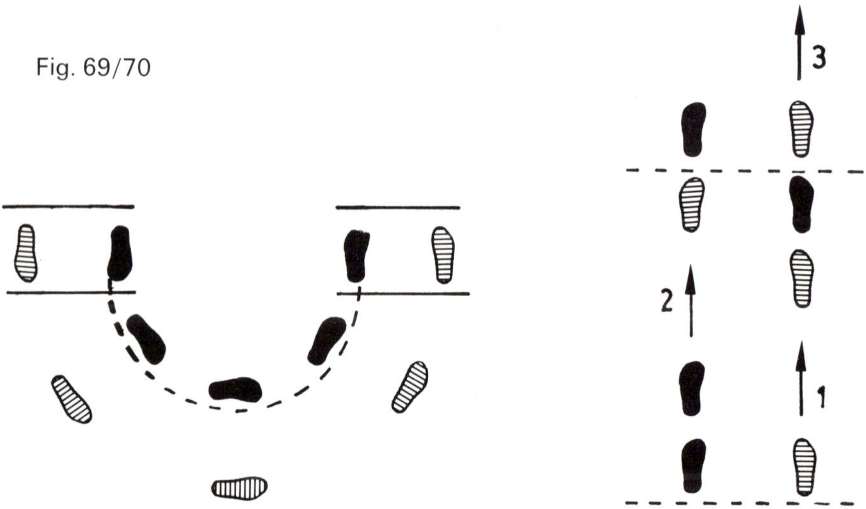

4. Man muß stets in der Lage sein, Stand- und Spielbein blitzschnell zu wechseln bzw. das Körpergewicht auf beide Füße zu verteilen. Die Beine sollen immer im Kniegelenk leicht eingewinkelt sein. Das Körpergewicht ruht auf den Ballen, wenn auch die Ferse die Matte berührt. Würden Sie (wie der Storch im Salat) mit gestreckten Beinen laufen, müßten Sie, um einen Sprung ausführen zu können, erst die Knie beugen und könnten erst dann hochfedern.
5. Setzen Sie nicht brav einen Schritt vor den anderen – der Gegner kann sich sonst darauf einstellen. Laufen Sie **asymetrisch,** d.h. wechseln Sie laufend Ihre Schrittfolge, so daß der Gegner nie genau weiß, mit welchem Bein und wohin der nächste Schritt erfolgt. Ändern Sie öfter das Schrittempo. Läuft der Gegner langsam und „rustikal" – bewegen Sie sich flink. Rennt der Gegner wie ein Wiesel – folgen Sie zähflüssig. Täuschen Sie den Gegner durch vorgetäuschte Wurfansätze, erschrecken Sie ihn durch ruckartige Bewegungen.
6. Üben Sie, den Gegner in eine zum Ansatz Ihrer Techniken günstige Lage zu manövrieren. Stellen Sie dem Gegner Fallen: Zum Beispiel stellen Sie den rechten Fuß vor (Standbein links); versucht der Gegner nun diese scheinbare Blöße auszunutzen, haben Sie eine gute Ausgangsstellung für Kontertechniken. Veranlassen Sie den Gegner durch einen Wurfansatz, sich in eine Stellung zu begeben, die für eine von Ihnen gut beherrschte Technik günstig ist; siehe **FACHBÜCHER FÜR JUDO** Band 4: Kombinationen und Kontertechnik. Versuchen Sie durch häufiges Randori die Schnelligkeit Ihres Wahrnehmungsvermögens zu erhöhen und Ihre Reaktion und Erfahrung zu verbessern.

Fassen

Bei einem Judokampf (im Gegensatz z.B. zum Boxen, Karate, Kendo) ist es nötig, mit dem Gegner Körperkontakt herzustellen. Zu diesem Zweck wird (im Gegensatz z.B. zum Ringen) die **Kleidung** des Gegners erfaßt. Die Judokleidung simuliert die normale Alltagsbekleidung. Man kann Judo auch im Frack ausüben, nur ist der Verschleiß „etwas" höher.

Die Balance des Gegners wird in der Regel nicht allein durch Armkraft gebrochen. Mittels der Arme und Hände wird aber die Kraft der Bauch-, Rücken- und Beinmuskulatur auf den Gegner übertragen. Es ist notwendig, den Gegner in seiner eigenen Jacke „einzuspannen", damit sich die Zug- und Druckkräfte bei gefaßter Jacke möglichst verlustlos auf seinen Körper übertragen. Würde man während der Kampfzeit wie wild an seiner Jacke ziehen, um den Stoff zu spannen (manche „dynamische" junge Herren versuchen das tatsächlich), verkrampft schnell die eigene Muskulatur; nach kurzer Zeit werden Hände und Arme so lahm, daß man zu einem schnellen balancebrechenden Zug nicht mehr im Stande ist. Verkrampfte Arme bedeuten außerdem, daß sie als „Fühler" für die Bewegungen des Gegners nicht mehr geeignet sind, obgleich ein Judoka beim Kampf doch gerade durch seine Arme Informationen über die Bewegungen des Gegners, die Stabilität seiner Position und beginnende Angriffsaktionen erhalten sollte. Ein weiterer wichtiger Punkt sind die Winkel bzw. Winkeländerungen, von Handgelenk, Ellenbogenbeuge und Schultergelenk während des Wurfes. Nur in einem bestimmten Winkelbereich können sich die Zug- und Druckkräfte voll entfalten. Besonders wichtig ist auch die zeitliche Reihenfolge der Bewegungen. Die Haltung des Handgelenks hat der Armhaltung in jedem Moment zu entsprechen. Das Ellenbogengelenk soll immer leicht eingewinkelt sein.

Die am meisten verbreitete Faßart beim Judo besteht darin, mit der linken Hand den rechten Ärmel des Gegners am Oberarm zu erfassen und mit der rechten Hand das linke Revers im oberen Drittel zu ergreifen (oder analog Linksfassung). Je nach Armlänge des Gegners und der eigenen wird weiter oben oder tiefer gefaßt.

Am Beispiel dieser Standardfaßart sei erläutert, wie man festen Griff und „Einspannen" des Gegners mit kraftsparendem „Lockerfassen" und unverkrampften Erfühlen seiner Bewegungen vereinen kann.

Die linke Hand räufelt den Stoff des Ärmels auf, bis man soviel gefalteten Stoff in der Faust hält, daß der Ärmel den Arm des Gegners umschließt. Dreht man nun das Handgelenk nach außen, ist der Arm des Gegners fest eingespannt. Dreht man das Handgelenk nach innen, so ist die eigene Unterarmmuskulatur entspannt und der Gegner hat das Gefühl frei in seinen Bewegungen zu sein. Nach dem gleichen Prinzip wird der Stoff am Revers des Gegners erfaßt.

Durch Nachaußendrehen beider Handgelenke wird der Jackenstoff an Ärmel-, Rücken- und Schulterpartie so fest gespannt, daß der Gegner in seiner Jacke wie eingenäht hängt (Fig. 71), Nachinnendrehen beider Handgelenke entspannt und macht den Gegner arglos, weil er sich besonders locker erfaßt vorkommt.

Im Kampf sollen Nachinnen- und Nachaußendrehen der Handgelenke abwechseln. Unmittelbar beim Wurfansatz wird der Gegner, um ihn aus der Balance zu bringen, eingespannt. Bei normalem Laufen wiegt man ihn durch Entspannen in scheinbarer Sicherheit.

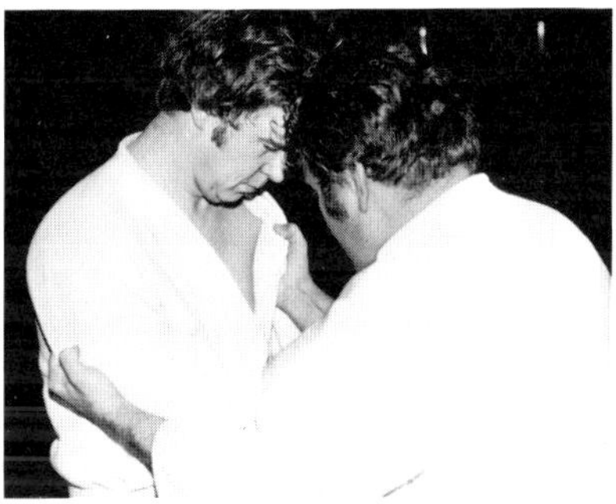
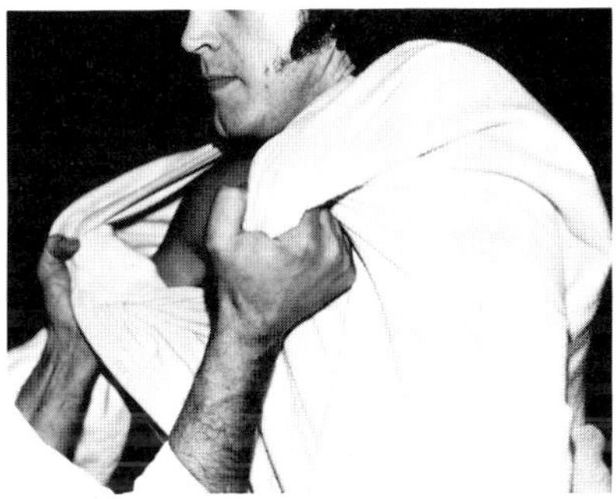

Fig. 71/72

Weitere gebräuchliche Faßarten sind:

An beiden Revers (evtl. unter Einbeziehung des Stoffs unter der Achsel (Fig. 72).

An einem Ärmel und am anderen Schulterblatt (gegen kleinere Gegner). Je weiter man über die Schulter faßt, je sicherer ist der Griff, andererseits ist dies aber im Kampf nur schwer zu erreichen, d.h. man muß sich selbst die optimale Stelle ausprobieren (Fig. 73). Sonderfassung z.B. für Uchi-mata: eine Hand greift ins Revers hinter dem Genick (evtl. Daumen innen).

An einem Ärmel und an der anderen Hüfte evtl. unter Einbeziehung des Gürtels (bei größeren Gegnern). Je weiter man um die Hüfte faßt, je sicherer die später erzielbare Balancebrechung. Andererseits ist weites um die Hüftefassen im Kampf schwer und außerdem wegen Armhebelgefahr unpraktisch. Beim Üben sollte man versuchen, mit einer möglichst kurzen Fassung auszukommen (Fig. 74).

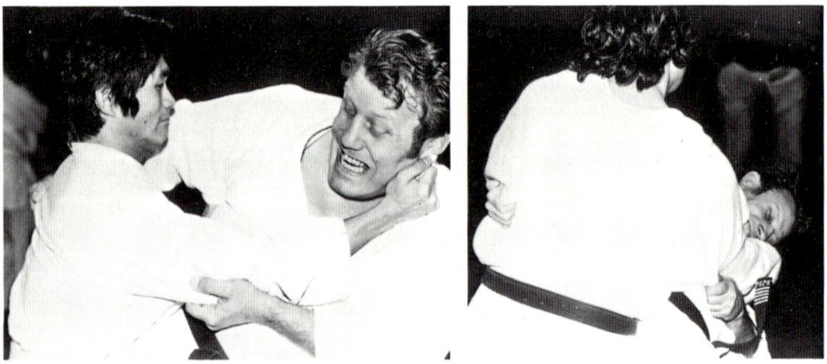

Fig. 73/74

Alle Faßarten hängen natürlich von der Kampfsituation, den eigenen Spezialtechniken und der Kampftechnik des Gegners ab.

Wechseln Sie die Faßart häufiger, befreien Sie sich aus starken Griffen, erschrecken Sie den Gegner durch ruckartiges Ziehen oder Drücken – der Kampf gestaltet sich beweglicher.

Methodik der Judowurftechnik

Die Judowurftechnik teilt man in fünf Wurfgruppen ein. Der Ausführende (Werfer) heißt Tori; der Geworfene, der den Aufprall erleiden muß, Uke.

Tachi-waza (Würfe aus dem Stand)	**Sutemi-waza** (Würfe im zu Boden gehen)
Te-waza (Hand- u. Schulterwürfe) Die Hauptbalancebrechung erfolgt durch Armzug bzw. Einsatz der Schulterpartie.	**Ma-sutemi-waza** Die Balance des Gegners wird gebrochen, indem man sich – den Gegner mitziehend – auf den Rücken wirft.
Ashi-waza (Fuß- u. Beinwürfe) Die Hauptbalancebrechung wird durch Fegen oder Sicheln mit der Fußsohle oder dem ganzen Bein erzielt.	**Yoko-sutemi-waza** Die Balance des Gegners wird gebrochen, indem man sich – den Gegner mitziehend – auf eine Seite wirft.
Koshi-waza (Hüftwürfe) Die Hauptbalancebrechung erfolgt durch Hüfteinsatz.	

Es ist auch möglich, die Würfe nach anderen Prinzipien zu ordnen, z. B. danach in welcher Richtung der Wurf (vom noch stehenden Uke aus gesehen) erfolgt:

Würfe nach vorwärts
Würfe nach rückwärts
Würfe seitwärts

Siehe Fachbücher für Judo, Band II: **Die Judowurftechnik** (Gokyo).

Mehreren Würfen kann das gleiche Prinzip zugrunde liegen, z. B.:

... eindrehen, Hüftkontakt herstellen, ausheben und werfen:

O-goshi	Koshi-guruma	Tsuri-goshi

... einen unbelasteten Fuß des Gegners wegfegen, anheben und zu Boden führen:

De-ashi-barai	Okuri-ashi-barai

Solchen Wurffamilien können auch Techniken aus verschiedenen Gruppen angehören, z. B.:

Uki-otoshi (Te-waza)	Sasae-tsuri-komi-ashi (Ashi-waza)	Yoko-gake (Sutemi-waza)

oder

Sumi-otoshi (Te-waza)	Ko-soto-gake (Ashi-waza)	Tani-otoshi (Sutemi-waza)

Zur Ausführung eines Wurfs müssen verschiedene Teile des Körpers in zeitlich richtiger Reihenfolge zusammenwirken und in ganz bestimmter Haltung arbeiten. Bestimmte Muskelpartien müssen entwickelt und die verschiedenen Muskelgruppen auf das gemeinsame Zusammenwirken – den richtigen Einsatz im richtigen Moment – programmiert werden.

Die Haltung von Kopf und Schulter muß während der ganzen Wurfbewegung kontrolliert bzw. verändert werden: Blickt man nach unten, beugt man sich vor; legt man den Kopf in den Nacken, macht man ein hohles Kreuz. Dreht man die Schulter, dreht sich auch der Körper mit. Meist blickt man den Gegner beim Ausheben an. Fällt der Gegner, hat man im allgemeinen die richtige Haltung, wenn man zu seinem Landeplatz guckt.

Die Arme müssen die Kräfte der Bauch- und Rückenmuskulatur auf den Gegner übertragen. Häufig zieht ein Arm, während der andere drückt oder hebt (Koshi-waza). Manchmal ziehen auch beide Arme (Tomoe-nage) oder beide Arme heben (Okuri-ashi-barai). Wichtig sind die Winkel an Hand, Ellenbogen und Schultergelenk, es kommt z. B. darauf an, ob die Kleinfingerseite der Hand bzw. die Elle zum Gegner zeigt (De-ashi-barai) oder beim Zugarm nach außen weist (Koshi-waza). Es muß beachtet werden, wie dicht die Ellenbogengelenke am eigenen Körper gehalten werden, in welcher Höhe am gegnerischen Revers bzw. Arm gefaßt wird und wie weit man etwa mit der Hand um Rücken oder Nacken des Gegners greift.

Die Hüfte bzw. der Bauch müssen beweglich und kraftvoll agieren, den richtigen Abstand zum Gegner haben oder Kontakt mit seinem Körper herstellen (O-goshi, Ura-nage). Im allgemeinen ist es vorteilhaft, sich aufrecht zu bewegen, d. h. in der Hüfte nicht einzuknicken.

Die Füße befördern Tori in optimale Wurfposition. Mehrere kleine Schritte sind häufig vorteilhafter als ein großer Schritt. Es kommt auf die Breite der Schrittstellung, auf die Stellung der Füße zum Gegner und zueinander sowie auf die Verteilung des Gewichts auf einen oder beide Füße an. Die Winkel an Fuß-, Knie- und Hüftgelenk müssen stimmen: Bei Koshi-waza z. B. muß man sich in mehr oder minder tiefer Kniebeuge eindrehen, um den Gegner auszuheben, bei Ashi-waza sind die Beine nahezu gestreckt.

Den Bewegungsablauf eines Wurfes kann man in mehrere Phasen einteilen:

1. Gleichgewichtsbrechen (Kuzushi)

Gute Wurftechnik beginnt **vor** dem Eindrehen und besteht darin, einen unsicheren Stand des Gegners herbeizuführen, Man kann Uke nach bzw. während einer geeigneten Schrittfolge durch Zug oder Druck der Arme in Verbindung mit entsprechenden Körperbewegungen aus der Balance bringen; d. h. beim Laufen so führen, daß er in den beabsichtigten Wurf „hineinläuft".

Man kann den Gegner auch in eine Falle locken, indem man ihn durch Vortäuschen einer anderen Technik oder Bewegung veranlaßt, eine Haltung einzunehmen, die für den beabsichtigten Wurf günstig ist (siehe Fachbücher für Judo, Band IV – Kombinationen und Kontertechnik) und man kann auf eine Chance zum Wurfansatz warten, die der Gegner durch seine eigenen Bewegungen und Aktionen oder durch Unaufmerksamkeit liefert.

Stets muß unser Angriff mit dem ganzen Körper und synchronen Bewegungen erfolgen. Ukes Körperhaltung, Schrittstellung und Laufgeschwindigkeit müssen beachtet und genutzt werden.

2. Eindrehen (Tsukuri)

Um den Gegner zu werfen, genügt es nicht, ihn in eine labile Position zu bringen. Es ist außerdem erforderlich, selbst in Wurfposition zu gelangen, bevor der Gegner seine Stellung wieder stabilisieren kann. Dabei muß unser Körper je nach Wurfart unterschiedliche aber exakte Bewegungen ausführen. Bei Koshi-waza z. B. kann man sich direkt (Fig. 75) oder indirekt (Fig. 76) eindrehen oder man kann in den Wurf „hineinspringen". Bei Ashi-waza bringt man sich häufig in eine günstige Wurfposition, indem man an den Gegner herantritt; bei Sutemi-waza, indem man sich unter Uke zu Boden wirft.

Es ist erforderlich, für die jeweilige Technik unter den möglichen Alternativen eine individuelle und zweckmäßige Angriffshaltung auszuwählen und darauf zu achten, daß man sein Körpergewicht richtig auf eine oder beide Beine verteilt. Während der ganzen Bewegung muß ein kräftiger, balancebrechender Zug oder Druck der Arme in der beabsichtigten Wurfrichtung aufrechterhalten werden. Abstand und Winkel zwischen eigenem Körper und dem des Gegners müssen richtig gewählt werden. Man muß je nach Wurfart tief genug in die Kniebeuge gehen, sich in den Wurf „hineinlegen" und entweder in Kontakt mit seinem Körper gelangen oder durch die Arme eine feste Verbindung zum Gegner herstellen.

Fig. 75

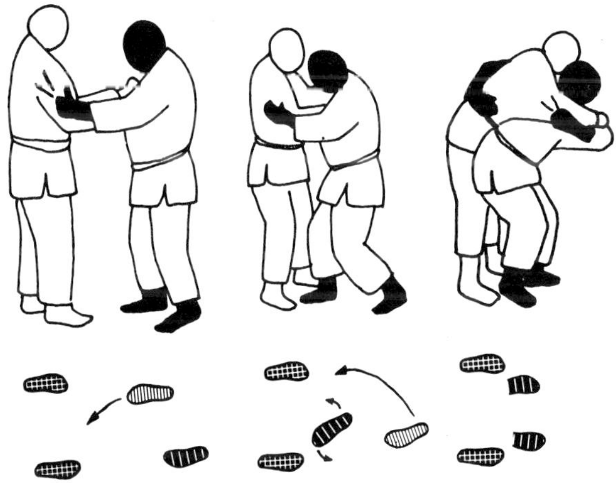

Fig. 76

3. Werfen (Kake)

Die Balance des Gegners wird bei Te-waza durch Zug oder Druck der Arme oder Schultereinsatz, bei Ashi-waza durch Bein- oder Fußbewegungen und bei Koshi-waza durch Hüfteinsatz vollends gebrochen. Wenn der Gegner fällt, muß seine Flugbahn sorgfältig von Tori kontrolliert werden, damit Uke nicht noch im Fallen entkommen kann oder sich bei schlechter Landeposition verletzt. In der letzten Phase des Wurfes stellt Tori bei Tachi-waza seine eigene Balance wieder her oder kommt bei Sutemi-waza selbst zu Boden.

Das Erlernen von Judowürfen ist nicht einfach. Der Ungeübte darf die Flinte nicht gleich ins Korn werfen, wenn er nicht auf Anhieb hochwertige Techniken zustande bringt. Im Laufe der Zeit erreichen Sie durch ständiges Wiederholen eine hinreichende Korrelation Ihrer Bewegungen. Nach einigen tausend Wiederholungen gelingt es, Automatismen zu entwickeln, die zu blitzschneller hochwertiger Technik im richtigen Augenblick des Kampfgeschehens befähigen. Parallel dazu gewinnen Sie durch Übung auch das für den Ansatz einer Technik im Kampf notwendige Selbstvertrauen.
Es erleichtert das Wurftraining wesentlich, wenn Sie die entsprechende Fallübung gründlich geübt haben. Zunächst müssen Sie nämlich lernen, die Angst vor dem Fallen zu überwinden und beim zu-Boden-kommen nicht zu verkrampfen.
In den ersten Monaten sollten Sie alle Wurfbewegungen langsam, technisch so gut wie möglich und **ohne** Wettkampfehrgeiz ausführen. Später haben Sie genug Gelegenheit, sich beim Kämpfen auszutoben – verzichten Sie zunächst darauf, Sie gewöhnen sich sonst leicht eine verkrampfte Haltung und schlechte Bewegungen an.
Für das Wurftraining gibt es verschiedene Übungsmethoden. Die folgenden Beispiele sind für die meisten Würfe anwendbar:

Tandoku-renshu — Eindrehen ohne Partner

Diese Unterrichtsform eignet sich vor allem dazu, einer größeren Zahl von Anfängern Wurfbewegungen gleichzeitig nahezubringen. Alle Übenden stellen sich in einer oder mehreren Reihen längs der Matte auf und üben gemeinsam auf Kommando einzelne Wurfphasen oder einen kompletten Wurfeingang.
Hier als Beispiel Tandoku-renshu für einen Fußwurf: Die Übenden setzen zunächst alle auf Kommando den linken Ballen (Zehenspitze etwas einwärts gedreht) einen Schritt vor (Fig. 77). Dann wird mit der rechten Fußaußenkante (Zehen gekrümmt) kurz vor dem Standbein nach links über die Matte gefegt. Der Oberkörper bleibt aufrecht, das fegende Bein ist gestreckt (Fig. 78). Nun wird geübt beim Linksvorwärtsschritt den rechten (am Ärmel eines imaginären Gegners fassenden) Arm zurückzureißen, um die Balance des Gegners zu

brechen. Zunächst ist die Hand geöffnet (Handkante zeigt nach unten) zum Ende der Bewegung zeigt der Handrücken nach oben, die Faust ist geschlossen. Der Arm bleibt im Ellenbogengelenk gewinkelt und wird nicht zu weit vom eigenen Körper entfernt. Die Faust bleibt vor dem Körper, der Arm bewegt sich parallel zur Matte (Fig. 79). Danach wird ebenfalls beim Linksvorwärtsschritt der rechte Arm (der einen imaginären Gegner am Revers erfaßt und hebt) trainiert (Fig. 80).

Fig. 77/78

Fig. 79–81

Anschließend werden beim Linksvorwärtsschritt beide Arme zugleich eingesetzt. Dann wird die ganze Bewegung, also Hebezug der Arme und Fegen des Fußes, synchron geübt, wobei zu beachten ist, daß der Körper leicht nach hinten gelehnt wird und der Kopf (zu Beginn geradeaus, dann rechts neben dem Körper auf die Matte sehend) sich mitbewegt (Fig. 81).

Eine Variation dieser Trainingsform besteht darin, daß die Übenden (Fortgeschrittene) sich an einer Schmalseite der Matte aufstellen und sich rechts und links Fußwürfe simulierend oder eine andere Technik (z. B. O-uchi-gari, Seoi-nage usw.) übend über die Matte zur anderen Seite bewegen. Je Meter Matte kann etwa eine Technik einseitig oder besser rechts und links ausgeführt werden.

Die Übenden können sich zum Tandoku-renshu auch beliebig auf der Matte verteilen und eine oder mehrere Techniken komplett oder in Einzelphasen üben. Tandoku-renshu kann man auch als Konditionsübung nach Stoppuhr (z. B. 1 Minute pausenlos eindrehen) betreiben.

Beim Tandoku-renshu kann man sich bis zu 60 mal pro Minute eindrehen. Diese Trainingsform kann in bezug auf Geschwindigkeit und Krafteinsatz beliebig variiert werden und fördert die Korrelation hervorragend.

Uchi-komi — Üben mit Partner ohne zu werfen

Jeder nimmt sich einen Partner und übt auf der Stelle stehend oder aus einer verabredeten Schrittbewegung heraus Balancebrechen, Eindrehen und Ausheben ohne den Partner zu werfen. Auch hierbei ist es möglich, bestimmte Wurfphasen einzeln und besonders intensiv zu üben. Je nach Wurfart kann man sich bis etwa 50 Mal pro Minute eindrehen. Weil der Partner natürlich auch trainieren will, bedeutet das ca. 25 Würfe/min pro Übenden. Einem Anfänger kann Uke durch Hineinlegen in den Wurfansatz zunächst helfen, das richtige Bewegungsgefühl zu erwerben. Beherrscht der Partner allmählich die Technik, kann Tori gegen den Wurfansatz etwas Widerstand leisten, der sich mit einer Verbesserung von Toris Technik bei bestimmten Phasen oder Körperteilen bis zu kampfmäßigem Widerstand verstärken kann.

Nage-Komi Werfen aus dem Stand

Eine heute oft vernachlässigte Übungsform: Die Partner üben im Stand technisch richtiges Werfen. Widerstand ist ebenso untersagt wie „Mitspringen". Tori übt werfen, Uke übt Fallen.

Yakusoku-geiko Werfen nach Verabredung

Nach Absprache mit Uke dreht Tori aus dem Stand oder nach einer bestimmten Schrittfolge ein und führt den vollständigen Wurf aus. Dabei kann Uke mitgehen bzw. einen bestimmten oder kampfmäßigen Widerstand leisten.

Pro Minute können bis zu 30 Würfe (d. h. pro Partner 15) ausgeführt werden. Yakusoku-geiko ist die kampfähnlichste Übungsform. Beim Ansetzen mit vollem Einsatz gegen Widerstand (Butsukari-geiko) kann man sich auch einen besonders dicken Uke aussuchen oder einen zweiten Partner beauftragen, Uke festzuhalten.

Alle diese Übungsformen müssen abwechselnd je nach Trainingsziel mit verschiedenen Partnern angewendet und mit viel Randori ergänzt werden.

Mit der Verbesserung der eigenen Technik wird es auch wichtig zu üben, den Wurfansätzen des Gegners zu entkommen. Der Ungeübte merkt erst beim Aufprall, daß sein Gegenüber ihn geworfen hat. Ein Fortgeschrittener empfindet die Störung der eigenen Balance und fühlt, daß er „ausgehoben" wird. Ein guter Kämpfer ahnt schon **vor** dem eigentlichen Ansatz die Absicht des Gegners, stellt sich darauf ein und macht den Ansetzenden mutlos, indem er immer „falsch" steht.

Dazu ist ein großes Maß an Erfahrung nötig, die man nur durch viel Randori erwerben kann. Verzichten Sie dabei auf „Abblocken" und üben Sie immer wieder Ausweichen und **rechtzeitig** einen Schritt oder eine Körperbewegung auszuführen, die den Ansatz des Gegners vereitelt. Üben Sie mit Ihnen kampfmäßig unterlegenen Partnern und lassen Sie während des gesamten Randoris Ihre Arme völlig entspannt. Ihr Partner hat dadurch eine Angriffschance und Sie werden gezwungen, rechtzeitig zu erkennen, was der Gegner im Schilde führt und zweckentsprechend zu reagieren.

Grundlagen, Mechanik und Methodik der Bodentechnik

In der Bodenlage werden weniger Kämpfe entschieden als im Stand. Das mag daran liegen, daß der Kampf im Stand beginnt und viele Kämpfer den effektvolleren Standkampf vorziehen. Es ist trotzdem wichtig, die Grundzüge des Bodenkampfes zu beherrschen, denn im Kampf kommt man auch ungewollt in die Bodenlage, und gerade hier hat ein Kämpfer größte Chancen, gewichtsmäßige Unterlegenheit durch Behendigkeit auszugleichen.

Die Bodentechniken werden in drei Gebiete eingeteilt:

1. Osae-komi-waza — Haltetechnik

Die häufigsten Techniken im Bodenkampf sind Haltegriffe. Sie dienen dazu, den Gegner 20 Sekunden (Waza-ari) oder 25 Sekunden (Ippon) so festzuhalten, daß er in seiner Bewegungsfreiheit behindert ist und auch unter Kraftaufwand nicht aufstehen kann. Haltegriffe sind in bezug auf Verletzungsgefahr harmlos. Haltegriffe oder haltegriffähnliche Positionen dienen auch dazu, den Gegner zu kontrollieren, so daß er angesetzten Hebeln oder Würgegriffen nicht entkommen kann bzw. bei seinen Befreiungsversuchen unvorsichtig wird.

Man teilt die Haltegriffe in zwei Typen und vier Gruppen ein:

Dreiertyp:	**Vierertyp:**
Kesa-gatame	Kami-shiho-gatame
	Yoko-shiho-gatame
	Tate-shiho-gatame.

Zum Verständnis der Mechanik der Haltegriffe dient folgendes Modell (Fig. 82): Liegt Uke auf dem Rücken, so ruht sein Körper im wesentlichen auf vier Auflagern: den beiden Schultern und den beiden Fußsohlen. Will Uke aufstehen, so kann er höchstens zwei Auflagerpunkte gleichzeitig anheben und über die entgegengesetzte Kippkante aufstehen:

Er hebt den Oberkörper an und steht über Vier oder 4′ auf,

er hebt den Unterkörper an und dreht sich über Drei,

er hebt die linke Körperseite an, dreht sich nach rechts und steht über Zwei auf,

er hebt die rechte Körperseite an, dreht sich nach links und steht über Eins auf.

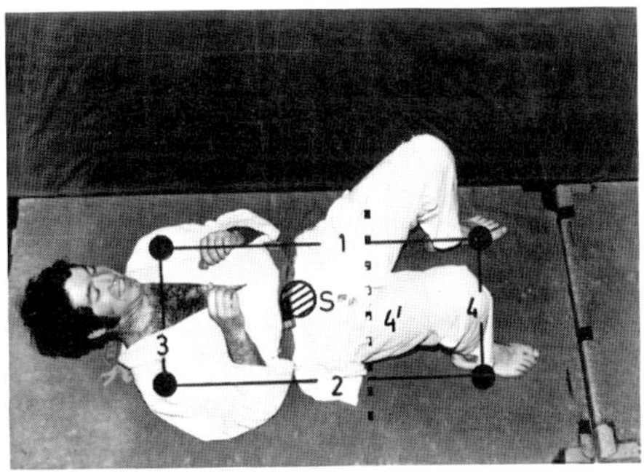

Fig. 82

Uke kann sich um so leichter drehen, je mehr sich sein Schwerpunkt S einer der vier Kippkanten nähert, d.h. je mehr er sich zusammenrollt. Daher liegt Uke in Verteidigungsstellung zusammengerollt und bringt Ellenbogen und Knie zueinander und dicht zum eignen Körper.

Will Tori erfolgreich festhalten, so muß er stets in der Lage sein, Uke daran zu hindern, zwei seiner Auflagerpunkte anzuheben und sich zu drehen. Da Tori keine 8 Zentner wiegt, reicht sein Körpergewicht dazu nicht aus, und er muß **durch Technik** die für Uke zu überwindende Last vergrößern.

Bei Kesa-gatame (Dreiertyp) wird dies wie folgt erreicht (Fig. 83):
Tori liegt an Ukes rechter Seite und hat Ukes rechten Arm eingeklemmt. Toris Beine sind weit gegrätscht. Tori liegt hauptsächlich auf drei Punkten: dem rechten Ballen (am kleinen Zeh), dem linken Ballen (am großen Zeh) und auf Ukes kurzen Rippen. Will nun Uke den Oberkörper aufrichten, stützt sich Tori bei B mit dem linken Ballen ab und stoppt Ukes Bemühen. Versucht Uke das Gesäß anzuheben, wird dies

bei A durch Toris rechten Ballen verhindert. Je weiter die Punkte A und B voneinander entfernt sind, je kleiner ist Ukes Chance zu entkommen.

Fig. 83/84

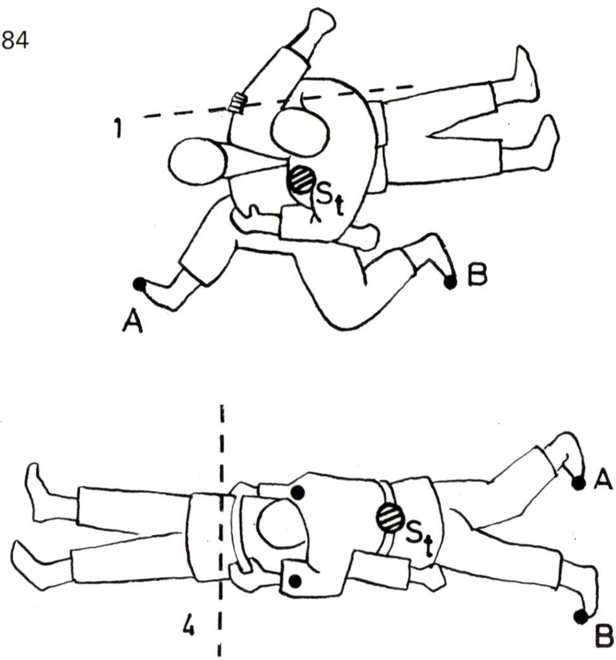

Versucht Uke Schulter und Gesäß auf seiner linken Seite zu heben, d. h. dreht er sich zu Tori, so kommt er nicht weiter, wenn Tori Ukes rechten Arm fest eingeklemmt hat und blockiert. Will Uke sich nach links drehen und Tori über sich hinwegrollen, so kommt es vor allem auf das bekannte Δx aus Kapitel 9 an, d. h. die Befreiung fällt Uke um so schwerer, je größer der Abstand von Toris Schwerpunkt S_t zur Kippkante 1 ist (Fig. 83).

Bei Kami-shiho-gatame (Vierertyp) kommt es entsprechend darauf an, daß A und B nicht zu dicht beieinander sind und S_t weit genug von der Kippkante 4 entfernt ist (Fig. 84).

Bei allen Haltegriffen spielt natürlich auch Toris Körpergewicht eine Rolle, besonders aber die Höhe seines Schwerpunktes über der Matte, d. h. es ist grundsätzlich erforderlich, daß Tori so flach wie irgend möglich auf der Matte liegt.

Während des Haltens sind die folgenden judotechnischen Gesichtspunkte besonders zu beachten:

Tori muß in korrekter Haltung und im richtigen Winkel zu Uke liegen und diese Lage auch beibehalten, wenn Uke sich bewegt.

Tori darf nicht verkrampft liegen, damit er Ukes Befreiungsversuchen zweckmäßig begegnen oder in einen anderen Griff übergehen kann. Tori hält Ukes Jacke locker und konzentriert sich darauf, nur dann kräftig zuzufassen, wenn Uke Arm oder Bein befreien will.

Tori darf den Gegner nicht an sich pressen, sondern soll Uke einen gewissen Spielraum lassen. Durch diesen „toten Gang" wird der Wirkungsgrad bei Ukes Versuchen, Tori zu überrollen, verschlechtert: Wenn Uke sich z. B. bei Kesa-gatame zu Tori dreht und seine Körperseite von der Matte anhebt, darf Tori nicht nervös werden. Hält er Ukes eingeklemmten Arm technisch richtig fest, so kann Uke nicht entkommen. Wenn Tori Uke durch Körpereinsatz wieder auf die Matte zurückdrücken wollte, würde das Uke nur helfen, Tori zu überrollen. Ukes Kopf bzw. Nacken sollte von Tori kontrolliert werden, damit Uke nicht durch in-die-Brücke-gehen entkommen kann.

Krafteinsatz (wo nötig) muß mit lockerem Halten und flexiblen Bewegungen abwechseln.

Gute Haltetechnik bedarf reichlicher Übung und ständiger Wiederholung: Zunächst legt sich Uke friedlich hin. Tori übt schulmäßig die richtige Position einzunehmen, richtig zu fassen, im richtigen Abstand und Winkel zum Gegner zu liegen und ein Gefühl für Balance beim Halten zu entwickeln. Anschließend übt Tori mit einem leichteren oder gleichschweren Partner, Uke auch dann zu halten, wenn er sich befreien will. Uke beginnt zunächst langsam mit einzelnen Befreiungsaktionen ohne größeren Krafteinsatz. Er versucht z. B. den Oberkörper aufzurichten, seinen Arm herauszuziehen, sich zu Tori zu drehen oder Tori über sich hinwegzurollen. Allmählich steigert Uke seinen Krafteinsatz und führt schnellere und kombinierte Befreiungsbewegungen aus: Zum Beispiel erst zu Tori drehen und den Arm herauszuziehen versuchen – dann Tori packen und überrollen, usw.

Eine besonders die Bodenkampfbewegung fördernde Übungsform ist der Übergang von einem Haltegriff in den anderen. Tori hält z. B. Uke mit Kuzure-gesa-gatame rechts, Uke dreht sich zu Tori, Tori geht zum Kuzure-kami-shiho-gatame rechts über, wechselt in Kuzure-kami-shiho-gatame links, geht dann zum Kuzure-gesa-gatame links, dann zu Tate-shiho-gatame, dann wieder zu Kuzure-gesa-gatame rechts und von dort z. B. zu Ushiro-gesa-gatame über, usw.

Fig. 85/86

Eine kampfmäßige Übungsform besteht darin, einen auf dem Bauch liegenden und verteidigenden Uke mit Technik umzudrehen und anschließend nach Möglichkeit festzuhalten. Uke übt dabei verteidigen und prägt sich den Grundsatz ein, sich nicht vom Gegner wegzudrehen und ihm stets das Gesicht zuzuwenden, damit er Toris Aktionen beobachten kann.

Eine andere Form der Partnerübung besteht darin, abwechselnd zu halten und sich zu befreien. Zum Beispiel: A hält mit Kuzure-gesa-gatame, B greift A's linken Ellenbogen an (Fig. 85), hebelt den Gegner über sich (Fig. 86) und hält jetzt selbst. Nun hebelt A bis B wieder unten liegt usw.

Fig. 87/88

In ähnlicher Weise kann man üben, aus Kami-shiho-gatame zu entkommen. A hält. B dreht sich zur Seite, schiebt seinen Unterarm unter A's Bauch, setzt die Fußsohlen auf und rollt A, den eigenen Unterkörper anhebend, über A's dem Unterarm entgegengesetzte Schulterspitze ab. Nun hält B. A befreit sich in gleicher Weise usw.

Anschließend übt Tori mit oder ohne Partner, aus dem Stand oder aus einer bestimmten Kampfsituation heraus in einen Haltegriff hineinzugehen:

Z. B. Uke legt sich auf den Rücken, Tori greift von den Füßen her an:

a) Mit der rechten Fußsohle Ukes linkes Bein fortfegen, zu Boden gehen, Uke sofort mit dem Körpergewicht belasten und Ushiro-gesa-gatame ausführen (Fig. 87/88).

b) Mit dem rechten Unterschenkel über Ukes rechten Oberschenkel „gleiten", linkes Bein nachziehen und unmittelbar in Kesa-gatame-Position übergehen.
c) Bocksprung über Ukes geschlossene und von Tori zusammengepreßte Knie – Tate-shiho-gatame (Fig. 89/90).

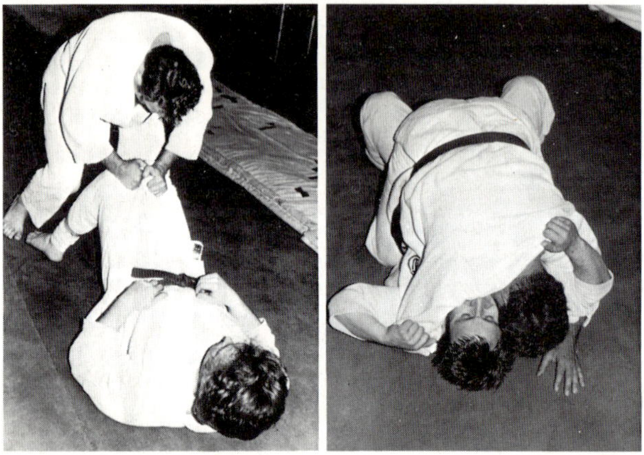

Fig. 89/90

Aus einem nur halbgelungenen Wurf im Zubodengehen festhalten:
O-soto-gari/Kesa-gatame
Ko-soto-gari/Yoko-shiho-gatame.

Festhalten als Kontertechnik gegen Sutemi-waza: Wenn Uke Uki-waza rechts ansetzt, einen Schritt nach links machen und Kuzure-gesa-gatame ausführen. Wenn Uke Tomoe-nage ansetzt, sein Wurfbein mit dem Unterarm nach außen führen und zu Kesa-gatame übergehen.

Schließlich führen Uke und Tori kampfmäßiges Festhalten aus, wobei die einzige Verabredung darin besteht, daß Uke sich zu Anfang so hinlegt, daß Tori den Griff ansetzen kann. Man wechselt die Partner und bevorzugt allmählich schwerere Gegner. Tori übt Griff ansetzen und Halten und lernt die Möglichkeiten zum Ansatz von Würge- und Hebeltechniken bei Ukes Befreiungsversuchen kennen. Uke übt, sich geschickt zu befreien und Toris kurzzeitig auftretende Schwächen auszunutzen. Neben viel Bodenrandori seien noch folgende kampfmäßige Festhalteübungen empfohlen:

Ein Kämpfer legt sich hin und läßt sich nacheinander von mehreren Partnern festhalten. Solange er sich befreien kann, startet der nächste Partner einen Halteversuch. Kommt er nicht mehr heraus, so legt sich der hin, der ihn festgehalten hat usw.

Ein „Haltefan" hält nacheinander mehrere Partner fest. Wem es gelingt, herauszukommen, darf weiter halten.

2. Shime-waza — Würgetechnik

Im sportlichen Kampf besteht das Ziel dieser Griffe darin, den Gegner durch Würgeeffekt oder Schmerzgefühl am Hals zur Aufgabe zu zwingen. Der Angriff richtet sich gegen die Hals-Blutgefäße und am Hals liegende Nerven sowie gegen Luftröhre und Genick, wobei die Wirkung häufig komplex auftritt. Ein direkter Angriff gegen den Kehlkopf ist streng verboten, weil dieser Knorpel brechen und dies zu irreversiblen Schäden führen kann.

Im Judokampf wird mit Hilfe von Judogi, Unterarm und Handgelenk oder Unterschenkel und Fuß angegriffen. Durch starken Druck auf den Hals kann die Durchströmung des Gehirns mit arteriellem Blut vermindert oder unterbrochen werden — dann tritt schlagartig Bewußtlosigkeit ein. Beim Kampf und Training wird jedoch nur sehr selten jemand „abgewürgt"; Uke klopft nämlich, wenn er einen entsprechenden Würgeeffekt verspürt, instinktiv ab (Haltrufen kann er meist nicht mehr). Tori muß dann sofort aufhören. Die Würgetechnik ist, sachgemäßes Verhalten vorausgesetzt, viel harmloser, als sie dem über solche „Brutalitäten" erstaunten Laien erscheint.

Man teilt die Würgegriffe in 7 Gruppen ein – einzelne Würgetechniken können in mehrere Gruppen eingeordnet werden:

Juji-jime
Okuri-eri-jime
Kata-ha-jime
Hadaka-jime
Ryote-jime
Katate-jime
Ashi-jime.

Um die unter Muskelsträngen gut geschützten Blutgefäße am Hals zusammenpressen zu können, muß man an der richtigen Stelle rechts seitlich und/oder links seitlich am Hals einen erheblichen Druck erzeugen. Druck ist definiert als Kraft pro Fläche. Das heißt, der Würgeeffekt ist um so besser, je größer die Kraft ist, die einen Hals zusammendrückt und je kleiner die würgende Fläche ist. Die schmale Handkante würgt z. B. viel besser als der Unterarm, den immer noch manche Judoka fälschlich benutzen. Leichtgewichtler mit schmalen Handgelenken würgen häufig besser und gefährlicher als Schwergewichtler mit Handschuhgröße 9½. Hinzu kommt noch folgendes: Beim Drücken am Hals verformt sich nicht nur dieser, sondern auch die gegen den Hals drückende Fläche, d. h. diese wird breiter und der Würgeeffekt entsprechend geringer. Darum ist es wichtig, die würgende Handaußenkante (Nami-juji-jime) anzuspannen, bzw. eine harte Fläche (Daumensehne der angespannten Hand bei Gyaku-juji-jime) zu benutzen, so daß die würgende Fläche auch während des Drückens klein bleibt.

Fig. 91

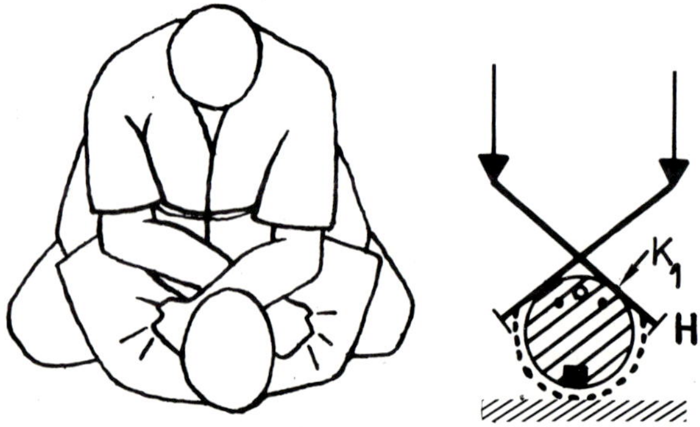

Bei verschiedenen Würgetechniken wird die an Ukes Hals angreifende Kraft durch das Hebelprinzip vergrößert: Bei Juji-jime z. B. wird die an Ukes Hals wirkende Kraft K_1 um so größer, je kleiner die Entfernung von K_1 zu H ist und je weiter man H in Richtung von Ukes Genick bringt (Fig. 91). Bei Ushiro-jime z. B. ist der Würgeeffekt um so größer, je kleiner die Entfernung von K_1 zu E ist (Nußknacker! Fig. 92).

Würgen sollte man nicht ohne einen kuatsu-erfahrenen Lehrer üben. Eine Reihe von judotechnischen Gesichtspunkten sind zu beachten:
Der Gegner muß haltegriffähnlich oder durch Beinklammern etc. unter Kontrolle gebracht werden, damit er sich nicht ohne weiteres, z. B. durch eine Körperdrehung, der Würgetechnik entziehen kann.
Bei diversen Würgegriffen ist es nötig, Ukes Genick durch die Matte oder an Toris Brust zu arretieren.

Fig. 92

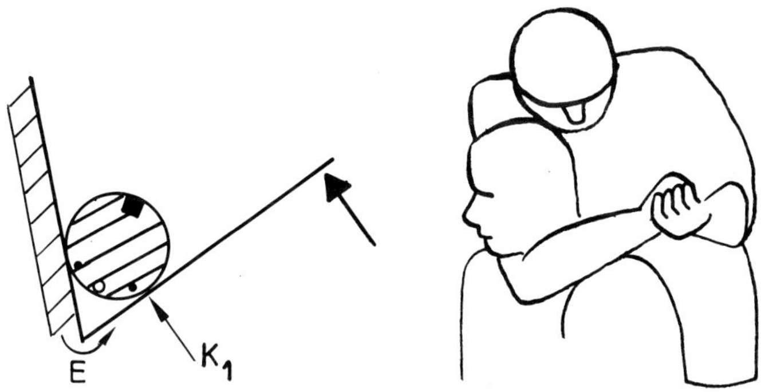

Wird mit der Handkante gewürgt, ist die Hand kräftig anzuspannen. Meist ist es günstig, tief in die Jacke hineinzugreifen, d. h. möglichst dicht an Ukes Genick zu fassen. Wird mit dem Judogi gewürgt, muß das Revers straff gezogen werden. Es kommt darauf an, an der richtigen Stelle zu fassen, damit das Revers beim um-den-Hals-legen weder zu kurz noch zu lang ist.
Man muß darauf achten, tatsächlich an Ukes Halsseite zu würgen und ihm nicht nur die Kinnlade zusammenzudrücken. Bei einem technisch richtigen Ansatz wirkt der Würgegriff augenblicklich – langwieriges am-Hals-zerren deutet auf mangelhafte Technik hin.
Hat man Würgetechniken schulmäßig geübt, beginnt man in der Bewegung zu üben, wobei Uke zunächst sparsam, später kräftiger verteidigt.
Uke übt „Würgegriff ertragen": Er preßt sein Kinn auf die Brust, zieht beide Schultern (bis an die Ohren) hoch und spannt seine Hals-

muskulatur an. Je öfter Uke sich würgen läßt (zunächst von schwächeren Partnern, Jugendlichen, Anfängern, Frauen), je mehr härtet er seinen Hals ab, so daß er schließlich so viel verträgt, daß mittelprächtige Würgeversuche ihm nur noch ein leicht verzerrtes Grinsen entlocken.

Würgeduelle werden in verschiedenen Kampfpositionen nach Yakusoku-geiko-Art ausgetragen: Im Reitsitz / auf dem Rücken liegend / beide auf der Seite liegend / Tori hinter Ukes Rücken befindlich / aus Kesa-gatame-Position oder im Kami-shiho-gatame liegend.

Schließlich wird beim Boden-Randori (man kann z. B. nur Würgeansätze zählen) unter besonderer Bevorzugung von Würgetechniken und Beachtung sich bietender Chancen weiter geübt.

3. Kansetsu-waza — Hebeltechnik

Die Hebeltechnik richtet sich im sportlichen Kampf gegen das Ellenbogengelenk und hat zum Ziel, den Gegner durch Schmerzgefühl oder Einsicht in die Ausweglosigkeit seiner Lage zur Aufgabe zu veranlassen. Die Hebeltechnik kann bei unsachgemäßem Verhalten zu Verletzungen führen und erfordert von Tori besonderes Verantwortungsbewußtsein. Uke muß bei auftretendem Schmerzgefühl **sofort** „halt" rufen oder abklopfen – Durchhalteparolen sind gefährlich! Man unterscheidet zwei Typen: Streckhebel (-gatame) und Beugehebel (-garami), die auch das Schultergelenk betreffen. Man teilt die Hebeltechnik in sieben Gruppen (es gibt Überschneidungen) ein:

Juji-gatame	Ude-garami.
Ude-gatame	
Ashi-gatame	
Hara-gatame	
Waki-gatame	
Kannuki-gatame	

Die schwächste Stelle des Arms ist das Ellenbogengelenk. Überschreitet die Überdrehung des Gelenks eine bestimmte individuell unterschiedliche Gradzahl, tritt eine schmerzhafte Verrenkung ein, die das Gelenk für Wochen unbrauchbar macht (Fig. 93/94).

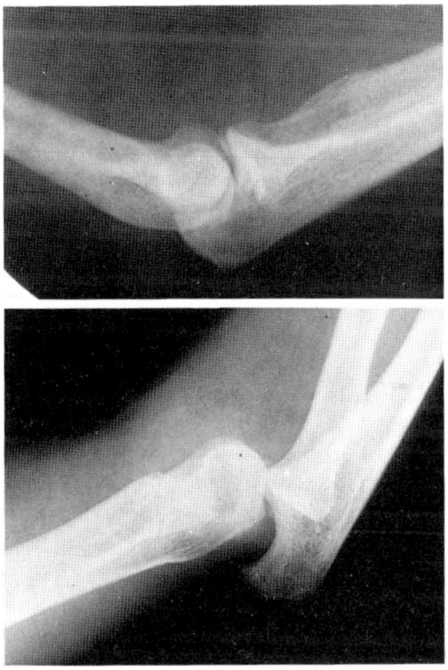

Fig. 93/94

vorher

nachher

Will Tori einen Arm des Gegners überdehnen bzw. Uke zur Aufgabe zwingen, so muß er mit seiner vorhandenen Kraft ein möglichst großes Biegemoment an Ukes Arm erzeugen. Dabei ist die Richtung der Kraft, der Angriffspunkt und die Art der Einspannung von Ukes Arm von besonderer Bedeutung. Besonders häufig sind die folgenden beiden Einspannungsarten:

a) Für Ude-gatame oder Juji-gatame gilt Fig. 95. Das Biegemoment ist am größten, wenn die Kraft K bei l/2, also am Ellenbogengelenk, angreift. Es gilt $M_{max} = K \cdot l/4$. Ukes Arm soll möglichst dicht an Handgelenk und Schulter aufliegen bzw. blockiert oder erfaßt werden.

b) Bei Waki-gatame oder Kannuki-gatame gilt Fig. 96.

Das maximale Biegemoment an der schwächsten Stelle wird erreicht, wenn sich das Auflager B direkt hinter dem Ellenbogengelenk befindet.

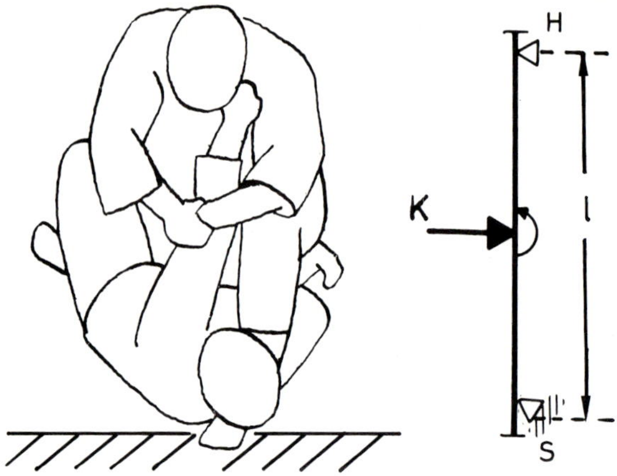

Fig. 95

Es gilt $M_{max} = K \cdot a$, d.h. Toris Druck oder Zug soll so dicht wie möglich an Ukes Handgelenk angreifen. Rutscht B dichter an A heran, bleibt das Biegemoment am Ellenbogen theoretisch gleich; praktisch jedoch wird das Biegemoment durch die Trizepsverformung (von den supergelenkigen Zeitgenossen ganz zu schweigen) kleiner.

Das Üben der Hebeltechnik ist nur bei strenger Einhaltung von Sicherheitsvorschriften ungefährlich. Zunächst muß man langsam ohne Hast und Wettkampfehrgeiz – blinder Eifer schadet häufig im Bodenkampf – einzelne Hebeltechniken erlernen und ein Gefühl für den kritischen Bereich, in dem Schmerzgefühl auftritt und die Verletzungsgefahr beginnt, entwickeln.

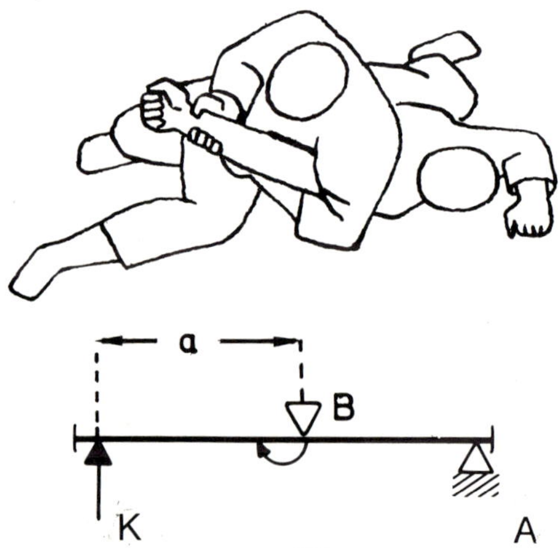

Fig. 96

Es ist wichtig, die Hebelrichtung und die Lage von Ukes Arm zu beobachten: Juji-gatame z. B. wird in Richtung der Kleinfingerseite von Ukes Hand ausgeführt. (Hebelt man in Richtung des Handrückens, wirkt der Griff zwar auch, aber Uke hat bessere Voraussetzungen, den Unterarm bizepskonform zurückzuziehen.) Bei Ude-gatame z. B. greift man mit den Fingern um Ukes „Musikantenknochen" und dreht Ukes Ellenbogen zunächst nach innen, ehe man den eigentlichen Hebel zum eigenen Körper anzieht.

Tori muß jegliche Gewaltanwendung vermeiden. Uke soll laut und vernehmlich „Halt" rufen oder abklopfen – lieber etwas früher als zu spät, siehe Fig. 93/94. Allmählich kann das Ansetzen der Hebel beschleunigt werden. Das „Durchziehen", d. h. das Biegen des Arms im kritischen Bereich sollte jedoch grundsätzlich mit mäßiger Geschwindigkeit erfolgen.

Man übt Hebeltechniken aus bestimmten Kampfsituationen:
Zum Beispiel den Ansatz von Juji-gatame im Anschluß an O-goshi oder Seoi-nage. Den Ansatz von Hebeltechniken z. B. aus Kesa-gatame: Waki-gatame, Ashi-gatame, Ude-garami.

Den Ansatz von Hebeltechniken aus dem Reitsitz: Wenn Uke seine Arme gebeugt hält z. B. Ude-garami abwechselnd links und rechts.

Den Ansatz von Hebeltechniken aus der Rücklage, wenn Uke zwischen Toris Beinen kniet: Z. B. Ude-gatame, Ashi-gatame.

Den Ansatz von Hebeltechniken aus dem Stand: Z. B. Waki-gatame, Kannuki-gatame.

Das Ansetzen von Juji-gatame, obgleich Uke seinen Arm mit der anderen Hand festhält.
Uke lernt bei diesem Boden-Yakusoku-geiko zu verteidigen, wobei die Grundsätze – Ellenbogen stets dicht am eigenen oder gegnerischen Körper halten – Arme nie ganz durchstrecken – beachtet werden sollen.
Man kann ein spezielles Hebelrandori ausführen, wobei ein Partner versucht, den anderen unter Kontrolle zu bringen und nur Hebeltechniken gezählt werden.
Die Hebeltechniken werden natürlich auch beim Bodenrandori geübt. Tori sollte darauf achten, in möglichst vielen Situationen die sich bietenden Hebelchancen beidseitig zu nutzen.

Randori-Kampf-Kata

Wenn Anfänger die ersten Würfe erlernt und aus einer Schrittbewegung geübt haben, sollen sie leichtes Randori (Yakusoku-geiko in Bewegung) machen:

Beide Partner stellen sich gegenüber auf und bewegen sich kampfmäßig über die Matte. Dabei werfen beide abwechselnd oder wie es ihnen auf Grund der jeweiligen Situation möglich ist. Widerstand gegen Wurfansätze des Gegners (allerdings auch mitspringen) ist **streng verboten.** Beide üben Laufen, sich auf der Matte zu bewegen, im richtigen Moment die richtige Technik anzuwenden und erlernen Fallen unter Praxisbedingungen.

Hat man die Anfängerausbildung beendet, also etwa ab Orangegurt, ist es notwendig, bei jedem Training übungshalber zu kämpfen – Judo ist ein Kampfsport! Zweckmäßigerweise werden dafür ungefähr die letzten 30 Trainingsminuten reserviert. Es ist wichtig, daß **alle** daran teilnehmen. Anhand der folgenden Anregungen kann für jeden Trainingstag ein anderer Kampffahrplan zusammengestellt werden, um das Training abwechslungsreich zu organisieren:

1. Der Trainer klatscht in die Hände – alle nehmen sich nach freier Wahl einen Partner und kämpfen 3–6 Minuten im Stand. Anschließend auf Kommando Partnerneuwahl und nächste Runde. Nach 3 Runden eine Pause, dann weiterkämpfen.

2. Der Trainer bestimmt die Paarungen und achtet z.B. darauf, daß die Partner gewichts- oder leistungsmäßig ebenbürtig sind.

3. Alle stellen sich in zwei Reihen an den Längsseiten der Matte einander gegenüber auf. In jeder Reihe steht die gleiche Anzahl Kämpfer. Auf Kommando beginnt jeder mit dem Gegenüberstehenden zu kämpfen und kehrt nach Ende der Kampfzeit wieder auf seinen Platz zurück. Nun geht der Kämpfer an einem Ende der Reihe auf die gegenüberliegende Seite. Am anderen Ende dieser Reihe geht ein Kämpfer herüber, die anderen rücken auf und kämpfen wieder mit dem Gegenüberstehenden usw.

4. Alle setzen sich etwa in Gewichtsreihenfolge oder beliebig hin. Zum Beispiel die beiden Leichtesten beginnen – zweckmäßige Kampfzeit 3–4 Minuten. Der Sieger kämpft gegen den nächsten der Reihe, bei „unentschieden" scheidet der Müdere aus.
5. Ein „Dicker" oder ein Spitzenkämpfer kämpfen hintereinander gegen 5 (Gonin-gake) oder 10 (Junin-gake) Partner. Auf Grund seiner Ermüdung erhalten die letzten Partner einen Ausgleich für das Leistungsgefälle.
6. Es werden zwei Mannschaften gebildet, die sich mit den übrigbleibenden weiteren Anwesenden in zwei Lager gegenübersetzen und unter lautstarken Anfeuerungen einen „ganz wichtigen und ernsten" Kampf gegeneinander austragen. Solche „Mannschaften" werden an jedem Trainingstag neu gebildet.
7. Man läßt ein Paar kämpfen, die anderen ruhen sich beim Anfeuern aus. Nach dem Kampf kann eine kurze Besprechung oder Diskussion über taktische Schwächen und technische Fehler erfolgen.

Bei 1., 2. und 3. wird der Standkampf zweckmäßigerweise unterbrochen, wenn die Kämpfer in die Bodenlage geraten, da werfende Leute eine Gefahr für sich am Boden tummelnde Pärchen sind. Dabei ist es sinnvoll, nicht sofort aufzuhören, sondern die ersten 5–10 Sekunden des Übergangs vom Stand zum Boden voll weiterzukämpfen, um sich nicht ein unrealistisches Aufhören beim „In-die-Bodenlage-kommen" anzugewöhnen, das beim Wettkampf zu bösen Überraschungen führen kann.

Daneben ist es erforderlich, Bodenkampf direkt zu üben. Es ist günstig, zwischen zwei Standkampfrunden eine Runde Bodenkampf einzuschieben. Auch hier ist wieder freie Partnerwahl oder ein Bestimmen der Paarungen möglich.

Bodenkampf kann man auf verschiedene Weise beginnen. Zum Beispiel indem sich ein Partner verteidigungsbereit hinlegt und der andere aus stehender Position angreift, indem sich beide Rücken an Rücken hinsetzen, auf Kommando umdrehen und zu kämpfen beginnen oder indem sich die Partner zu Übungszwecken in eine bestimmte Bodenkampf-Situation begeben und aus dieser Stellung heraus den Kampf beginnen.

Kanos Lehrsatz vom gegenseitigen Wohlergehen sollte man besonders beim Kampftraining beachten. Es ist wichtig, auf die neben einem Kämpfenden Rücksicht zu nehmen und es ist erforderlich, den eigenen Kampfstil dem Partner anzupassen. Mit Ebenbürtigen kann man „hacken". Mit gewichts- oder leistungsmäßig Unterlegenen muß man vorsichtiger umgehen. Man kann z. B. nur 70–90% seiner Kampfkraft einsetzen, man kann nur eine Technik, die man dem Partner vorher sagt, anwenden, man kann Techniken nur nach einer bestimmten Schrittfolge ansetzen und den Partner üben lassen, sich in dieser Situation zu verteidigen und man sollte mit Unterlegenen vor allem solche Techniken üben, die man selbst weniger gut beherrscht.
Eine kampftechnisch sinnvolle Koexistenz zwischen Spitzenkämpfern, Durchschnittsleuten und Ungeübteren ist für das Bestehen einer Übungsgemeinschaft unbedingt erforderlich. Es hat weder Zweck, die Mittelklasse-Leute unter „Naturschutz" zu stellen und durch Siege über Gelbgurte borniert werden zu lassen, noch ist es sinnvoll, Spitzensportler in sterilem „unter-sich-kämpfen" zu verschleißen.
Kampftraining ist weniger ein technisches als ein psychologisches Problem. Praktisch alle Menschen haben einen erheblichen Geltungstrieb und möchten „der Größte" sein. Wer will schon der Schwache, der Doofe, der Langsame sein? – Niemand! Bei jedem Kampftraining wird aber eine Leistungshirarchie sichtbar, die eigentlich nur die Sieger, die Spitzenkämpfer des Dojos befriedigt. Die laufend Unterliegenden haben es schwer, ihre Fallobst-Frustrationen zu verdauen. Je höher der Leistungsstand der Spitzensportler, je schwerer ist es für Anfänger und Mittelklasse mitzuhalten. Hat nach einiger Zeit selbst ein einfältiges Gemüt begriffen, daß sich bei normalem Trainingsaufwand, wenn Sport neben Beruf, anderen Interessen und Durchschnittsalltag ausgeübt wird, an der Dojo-Hierarchie kurzfristig nichts ändern läßt, so wird die Versuchung groß, dem Judo den Rücken zu kehren – einer der Gründe für die hohe Fluktuation.
Kann man nun zur Lösung des Problems die Spitzenkämpfer erschießen und den Wettkampfsport abschaffen? Man würde damit weder am Ergeiz vieler noch daran etwas ändern, daß Spitzenleistungen naturgemäß nur einer kleinen Minderheit vorbehalten sind und daher den Durchschnittsbürger immer ein leichtes Unwohlsein befällt, **nicht**

selbst Weltmeister in irgendetwas zu sein. Dabei ist es unerheblich, ob dieses Leistungsstreben angeboren oder anerzogen ist – es ist Realität, und wenn man Trainings- und Kampfpraktiken früherer Epochen betrachtet, so ist sicher, daß Wettkampfergeiz keine Erfindung der Jetztzeit ist.

Man sollte vielmehr endlich aufhören, die „Leistung" als das „einzig Wichtige" hochzuspielen. Man sollte Sieg und Niederlage entschärfen. Bei der Gymnastik fragt beispielsweise auch niemand, wer Erster geworden ist. Man sollte Schluß damit machen, die Menschen in Freizeit- und Leistungssportler zu differenzieren: **Alle** sollen Sport als Freizeitbeschäftigung betrachten, wobei eine persönliche Leistungssteigerung nichts schaden kann, sondern wie jeder Kreislaufdoktor bestätigt, erwünscht ist.

Wettkampf- und Leistungs**möglichkeit** müssen vorhanden sein, damit junge Leute ihren Ergeiz harmlos austoben können, aber man muß sich darüber klar werden, daß es eigentlich um **nichts** geht (außer hübsch gesund zu bleiben). Möglichst viele sollten an Wettkämpfen teilnehmen, an Wettkämpfen, die nach Leistungs-, Gewichts- und Altersklassen gestaffelt, so organisiert sind, daß sie allen Spaß machen und sich auch die Verlierer nach dem Kampf noch ein kleines Lächeln abquälen können.

Das Training darf man getrost ernst nehmen, beim Kampf sollte man sich mit allen erlaubten Mitteln darauf konzentrieren zu gewinnen. Trotzdem: ein Judokampf soll locker und gelöst sein und die körperlichen Erfahrungen sollen im seelischen Bereich fortwirken.

Leistungsfanatismus, Sportförderungsanabolika und Erfolgsstreß müssen abgebaut werden. Man muß dem Gedanken entgegentreten, daß sich verdächtig macht, wer beim Training lacht. Man sollte aufhören, junge Leute zu Leistungsidioten umzufunktionieren und Meister und Finalisten „zu züchten".

Man sollte sich endlich von den „Idealen" im vorigen Jahrhundert verhafteter Sportpapas lösen, die uns einredeten, man müsse unbedingt zur sogenannten Ehre des Vaterlandes, Vereins oder von sonst irgend jemand gewinnen. Man muß nämlich nicht! Und man sollte Leute, die fordern, daß man einen festen Willen haben müßte, sich zu quälen, um sog. Großes im Sport zu leisten, auslachen! Man sollte sich daran erinnern, daß man zur Fortbewegung der Galeeren früher Sklaven benötigte.

Eine Ergänzung zum Kampftraining – die andere Übungsform des Judo – ist das Üben der **Kata,** jener festgelegten Folgen von Bewegungen, die zum Demonstrieren hochwertiger Judotechnik dienen. Kata ist exakte Bewegung, losgelöst vom kämpferischen Nutzen – man fragt bei einer Ballett-Studie auch nicht „ob's im Ernstfall geht".

Kata kann zwischen Kampfrunden ausgeführt werden, um eine Ruhepause und eine Möglichkeit zu schaffen, sich auch außerhalb des Wettkampfes hervorzutun – sind doch häufig gerade Nichtspitzen-Kämpfer oder ältere Judoka zu besonders guten Kata-Demonstrationen befähigt.

Beim Judo wird allgemein zu wenig Kata geübt, obgleich die Kata eine ausgezeichnete Übungsform für lockere, saubere Technik ist. Man sollte Kata nicht nur notgedrungen vor Dan-Prüfungen machen.

Ein Kämpfer wird natürlich nicht **allein** durch Kataübungen gut – eine gelegentliche Beschäftigung damit aber wirkt entkrampfend und ist für jene lockere Kampfbereitschaft, die viele Meisterkämpfer auszeichnet, förderlich.

Über die Details der Kata informieren die Bände VI.-XIII. der FACHBÜCHER FÜR JUDO.

Gürtel-, Alters- und Gewichtsklassen

Das technische Niveau eines Judokämpfers ist an der Farbe seines Gürtels erkennbar. Man unterscheidet Schülergrade (Kyu) und Meistergrade (Dan).

Kyu:	1.— 5. Dan schwarz
gelb	6.— 8. Dan rot - weiß
orange	9.—10. Dan rot
grün	
blau	
braun	

Es werden auch Zwischengrade (weiß-gelb, gelb-orange und orange-grün) vergeben.
Um einen Gürtel zu bekommen, sind bestimmte Bedingungen zu erfüllen und eine Prüfung abzulegen (siehe: DAS JUDO BREVIER — der Leitfaden für die Gürtelprüfung, erschienen im gleichen Verlag).

Die „Klassengesellschaft" des Judo soll einen zusätzlichen Übungsanreiz bieten und sowohl für „alte Hasen" als den Nachwuchs gerechtere Vergleichsmöglichkeiten bieten. Es gibt Turniere mit Gürtelklasseneinteilung.
Damit kampferprobte Haudegen mit Blumenkohlohren nicht dem Nachwuchs von Anfang an die Chance bei Wettkämpfen verderben, gibt es ähnlich wie in anderen Sportarten Altersklassen:

männliche und weibliche Jugend

Es gibt z. B. folgende Altersklassen:

(U 11) 8-10 Jahre	(U 13) 11-12 Jahre	(U 14) 11-13 Jahre
(U 15) 13-14 Jahre	(U 17) 14-16 Jahre	(U 18) 15-17 Jahre

Junioren (U 20)	**Männer**	**Frauen**
17-19 Jahre	ab 17 Jahre	ab 17 Jahre

Wenn ein untrainierter 100-Pfündiger an einen ebenfalls ungeübten Zweizentner-Mann gerät, ist der letztere mit 50 kg im Vorteil. Wenn der Dünne nun eifrig trainiert, so kann er nach und nach sein Gewichtshandicap verkleinern und evtl. ausgleichen. Sollte der Dickere aber auch trainieren und sich im Wettkampf üben, so schmilzt der Vorteil wieder dahin — der Zweizentner-Athlet bleibt dem 100 Pfund-Sportler überlegen. Die Möglichkeiten, durch außergewöhnliche Trainingsanstrengungen daran etwas zu ändern, sind begrenzt.

Obgleich man früher in Japan gewichtsklassenlose Meisterschaften propagierte, gibt es inzwischen (nicht zuletzt dank europäischer Schwergewichts-Weltmeister) auch dort Gewichtsklassen: Dünne und Dicke sollen jeweils unter sich ihre Kräfte messen (was kein Grund ist, beim Training nicht auch mit Ungleichgewichtigen zu „schaffen").

Es gibt z. B. folgende Gewichtsklassen:

U 13	**U 15**	**U 18**	**U 14**	**U 17**
	männlich		weiblich	
bis 32 kg	bis 38 kg	bis 46 kg	bis 33 kg	bis 40 kg
bis 35 kg	bis 42 kg	bis 50 kg	bis 36 kg	bis 44 kg
bis 38 kg	bis 46 kg	bis 55 kg	bis 40 kg	bis 48 kg
bis 42 kg	bis 50 kg	bis 60 kg	bis 44 kg	bis 52 kg
bis 46 kg	bis 55 kg	bis 66 kg	bis 48 kg	bis 57 kg
bis 50 kg	bis 60 kg	bis 73 kg	bis 52 kg	bis 63 kg
bis 55 kg	bis 66 kg	bis 81 kg	bis 57 kg	bis 70 kg
bis 60 kg	bis 73 kg	bis 90 kg	bis 63 kg	über 70 kg
über 60 kg	über 73 kg	über 90 kg	über 63 kg	

U 20	**Männer**	**Frauen**
bis 55 kg	bis 60 kg	bis 48 kg
bis 60 kg	bis 66 kg	bis 52 kg
bis 66 kg	bis 73 kg	bis 57 kg
bis 73 kg	bis 81 kg	bis 63 kg
bis 81 kg	bis 90 kg	bis 70 kg
bis 90 kg	bis 100 kg	bis 78 kg
bis 100 kg	über 100 kg	über 78 kg
über 100 kg		

Kampfregeln

Historisches

In der Steinzeit benutzte man die Steinaxt. Kampfregeln waren überflüssig. Wer liegen blieb, hatte verloren!

Verfeinerte Gebräuche finden wir bei den Ureinwohnern Nordamerikas, die ihre Gegner skalpierten:

Kämpfer mit Haaren – Sieger; Kämpfer ohne Haare – Vizemeister! Als später nach dem Ratschluß des großen Manitu zunächst gelegentlich, später häufiger auf das Skalpieren verzichtet wurde, begann das Dilemma aller Kampfregeln, das bis zum heutigen Tag andauert, die quälende Frage nämlich: **Wer** hat **warum** gewonnen?

Modernes

Aus heutiger Sicht gibt es vor allem drei Kriterien, denen Kampfregeln genügen müssen:

1. Kampfregeln sollen einfach, verständlich und in sich logisch sein.
2. Kampfregeln sollen als Sicherheitsvorschrift dienen und Verletzungen soweit irgend möglich verhindern.
3. Kampfregeln sollen eine klare und gerechte Ergebnisermittlung ermöglichen und die Weiterentwicklung der Sportart fördern.

Auszug aus den sportlichen Regeln

Die Kampfregeln beim Judo sind vom Ernstkampf abgeleitet. Der Kampf beginnt im Stand und kann z.B. bei einem balancebrechenden, aber nicht ganz gelungenen Wurfansatz am Boden weitergeführt werden. Die Kämpfer müssen Judokleidung tragen und benutzen zur Markierung blaue oder weiße Judogi. Der Kampf wird auf einer hinreichend großen Kampffläche (Matte), die von einer Sicherheitsfläche (auch Matte) umgeben sein muß, ausgetragen. Für einen mit Technik und Schwung ausgeführten Wurf; für einen Würgegriff oder einen

Armhebel, bei dem der Gegner (z.B. durch ,,Abklopfen'') aufgibt, erhält man einen Punkt (Ippon). Außerdem gibt es einen Punkt, wenn man den Gegner etwa 1/2 Minute in einem Haltegriff (Osae-komi) kontrolliert.

Für nicht ganz gelungene Würfe und kürzeres Halten erhält man eine Wertung (Waza-ari). Der Kampf geht über eine bestimmte Kampfzeit und ist vorzeitig entschieden, wenn einer der Kämpfer einen Punkt oder zwei Wertungen erhält, weil man davon ausgehen kann, daß der Andere dann im Ernstfall kampfunfähig wäre.

Für Ansätze von Techniken erhalten die Kämpfer Vorteile: Koka, Yuko. Auf Grund dessen bzw. durch Erzielen einer Wertung wird ein Kämpfer nach Ablauf der Kampfzeit zum Sieger erklärt.

Der Kampf wird von einem Kampfrichter beaufsichtigt. Er gibt nach der Begrüßung durch Verbeugen der Kämpfer das Kommando zum Beginn (Hajime), unterbricht den Kampf durch das Kommando ,,mate'' und beendet ihn durch das Kommando ,,Sore made''. Zwei Außenrichter unterstützen ihn und heben am Ende der Kampfzeit rote oder weiße Kellen, um anzuzeigen, wer zum Sieger erklärt werden soll. Übertrieben defensives Kämpfen und Handlungen, die den Gegner verletzen oder gefährden könnten, sind verboten. Je nach Schwere des Verstoßes (Shido, Chui, Keikoku) wird dies bei der Ergebnisermittlung berücksichtigt oder führt zur Disqualifikation (Hansoku-make).

An Kampfregeln darf man nicht zu oft ,,herumbasteln''! Nur langfristig gültige Regeln sind glaubwürdig und erreichen den erforderlichen Bekanntheitsgrad!

Angriff und Verteidigung sind **gleichwertige** Elemente des Kampfes. Man sollte die Kämpfer daher **nicht** zu ständiger (oft sinnloser) ,,Aktivität'' anstacheln — auch Abwarten und Kontern kann eine gute Kampftaktik sein.

Kampfrichter müssen Regelverstöße bestrafen **können**! Sie dürfen aber keine ,,Bestrafungsorgien'' veranstalten, sondern von Disziplinarmaßnahmen nur **weise** Gebrauch machen.

Die Grundvoraussetzungen des Wettkampfs müssen stets **gleich** sein. Es dürfen nur Matten verwendet werden, deren Oberfläche für Judo geeignet und deren Reibungskoeffizient definiert ist. Alle Judogi müssen hinreichend groß und ,,erfaßbar'' sein.

Erste Hilfe und Kuatsu

Danträger, Übungsleiter und Judolehrer müssen ein Minimum an medizinischen Kenntnissen besitzen, um im Notfall helfen zu können. Es ist empfehlenswert, z. B. beim Roten Kreuz an entsprechenden Kursen teilzunehmen. Es ist notwendig, einen gut bestückten Verbandskasten greifbar zu haben. Nachfolgend die wichtigsten judospezifischen Ratschläge:

1. Hautabschürfungen

Die Wunde nie mit Wasser, sondern mit Wundpuder behandeln und Pflaster auflegen; nicht berühren oder anhauchen. Die Anwendung von Wundgelees mit antiseptischer Wirkung, die die Wunde verschließen, kann empfohlen werden. Kein Jod und keine Antibiotika benutzen. Jod reizt und verzögert die Heilung. Antibiotika sollen so selten wie möglich angewendet werden, da sonst resistente Bakterienstämme auftreten können und die Behandlung im Notfall versagt. Bei größeren Verletzungen (Platzwunden) sollte ein Arzt aufgesucht werden.

2. Blutergüsse

Sie entstehen durch einen Schlag gegen Stellen über den Knochen, die wenig durch Muskeln gepolstert sind, z. B. Kopf und Schienbein; es können Gefäße platzen. Dabei tritt Blut in das Gewebe aus, es bildet sich eine Vorwölbung. Das Blut gerinnt und man hat einen meist recht schmerzhaften Bluterguß. Manchmal ist sogar ein operativer Eingriff nötig, um die eingedickten Blutmassen zu entfernen.
Tritt ein Bluterguß auf, so sollte dieser zunächst gekühlt werden. Dazu hält man die betreffende Stelle etwa 5 Minuten unter die Wasserleitung. Die Kapillaren verengen sich, und der Austritt von Blut wird verringert bzw. gestoppt. Man massiert nun die Stelle mit mäßigem Druck (nicht übertreiben, weil schmerzhaft!), bis die Erhöhung fast verschwunden ist. Die ausgetretenen Blutmassen werden dadurch auf eine größere Fläche verteilt und damit dem Körper die Möglichkeit gegeben, diese Stoffe schneller aufzusaugen. Anschließend sollte der

Patient nochmals kühlen, evtl. nach einer halben Stunde, wenn sich erneut eine Auftreibung bildet, Behandlung wiederholen. Diese Massage muß bald nach dem Schlag, bevor der Bluterguß verhärtet, erfolgen. Zur Unterstützung der Heilung empfehlen sich feuchte Umschläge. Ab nächstem Tag kann ein Einreiben mit geeigneten, kapillarerweiternden Medikamenten das Abklingen der Beschwerden beschleunigen. Halten die Beschwerden an, ist der Arzt aufzusuchen.

3. Krampf

Tritt vor allem an der Wadenmuskulatur auf: Patient auf den Rücken legen. Das betreffende Bein stark anwinkeln und Zehen nach oben biegen, anschließend Massage der verkrampften Muskulatur!

4. Prellungen, Verrenkungen, Brüche

a) Prellungen können durch unsachgemäßes Fallen entstehen. Durch die Stauchung eines Gelenks können Gelenkkapseln, Bänder und umliegendes Gewebe sowie Muskelansätze verletzt werden. Es bildet sich ein Erguß.

b) Verrenkungen können durch Überdehnung eines Gelenks z. B. bei einem Armhebel entstehen. Die Knochen von Unterarm (Elle und Speiche) und Oberarm werden entgegen ihrer natürlichen Beugerichtung gegeneinander verbogen. Gelenkkapseln, Bänder und umliegendes Gewebe können reißen. Der betroffene Gelenkbereich schwillt an und schmerzt stark (Fig. 93/94).

c) Unter Knochenbruch versteht man das Zerbrechen eines Knochens. Es gibt einfache glatte und mehrfache Splitterbrüche mit und ohne Gelenkbeteiligung. Eine aktive Bewegung ist nicht oder nur unter großen Schmerzen möglich. Druckschmerz an der Bruchstelle – meist bildet sich ein Erguß.

Bei 4a) ebenso wie bei Sehnenzerrungen empfiehlt es sich, den betreffenen Gelenkbereich zu schonen und zur Förderung des Heilungsprozesses mit geeigneten Medikamenten (Der Apotheker berät) einzureiben. Zum Training kann man das Gelenk mit einem Fahrradschlauch oder einer Elastikbinde bandagieren, die nach dem Training wieder entfernt werden sollten, um das Gelenk nicht an diesen künstlichen Halt zu gewöhnen.

Bei starken oder andauernden Beschwerden und bei 4b) ist ein Arzt zu konsultieren. Bei 4c) und allen Unfällen, die den Kopfbereich betreffen (Verdacht auf Gehirnerschütterung oder Schädelbruch) bringt man den Verletzten so schnell wie möglich in die Unfallstation eines Krankenhauses. Beim Transport soll das verletzte Körperteil mit Hilfe einer Trage, Schiene oder in einer Schlinge (Judogürtel) ruhig gelagert werden.

5. Nasenbluten

Durch einen Schlag können Blutgefäße in der Nase verletzt werden. Hält man (wie oft fälschlich empfohlen wird) den Kopf nach hinten, so läuft Blut in die Nasenmuscheln. Es gerinnt dort und verursacht – unter Umständen tagelang – Kopfschmerzen.

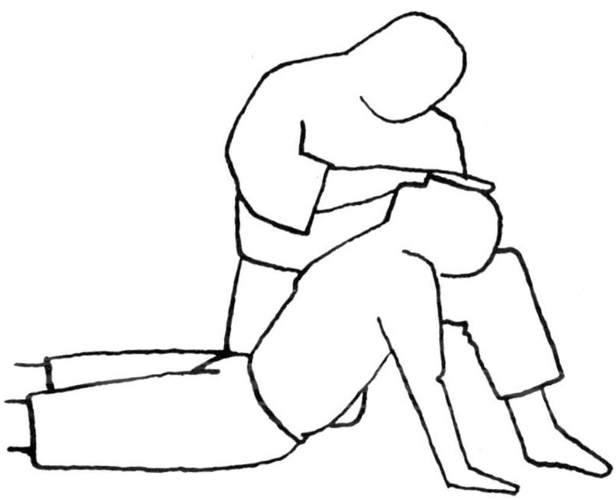

Fig. 97

Folgende Kuatsu-Behandlung kann empfohlen werden:
Der Patient soll sich auf die Matte setzen und die Hand unter die Nase halten, damit er sich die Kleidung nicht beschmutzt. Man kniet neben ihm und faßt mit der linken Hand seinen Nacken direkt unter den Kopfknochen. Man preßt Daumen und Zeigefinger mit einigem Kraftaufwand zusammen. Die rechte Hand legt man auf seine Stirn und dreht seinen Kopf etwa 1 Minute in einer Richtung unter gleichbleibendem Druck der Kuppen von Daumen und Zeigefinger. Darauf stützt man mit der linken Hand seinen Nacken. Er legt den Kopf leicht zurück.

Man schlägt mit der flachen rechten Hand mit mäßigen Schlägen schräg auf seine Stirn, wobei die Hand während des Schlages in Richtung des Haaransatzes abrutscht (Fig. 97). Die Wirkung der Behandlung beruht auf einem Reiz der Hautnerven und führt aufgrund einer Regulierung des Tonus der Gefäße häufig zum Stoppen des Nasenblutens. Das Einführen von kleinen Mullstreifen, z. B. bei der Fortsetzung eines Kampfes, kann empfohlen werden.

6. Kopfschmerzen

Diese Kuatsu-Methode ist für Kopfschmerzen, die durch unsachgemäßes Fallen verursacht werden, gedacht. Sie hilft auch häufig bei Kopfschmerzen aus anderen Anlässen:

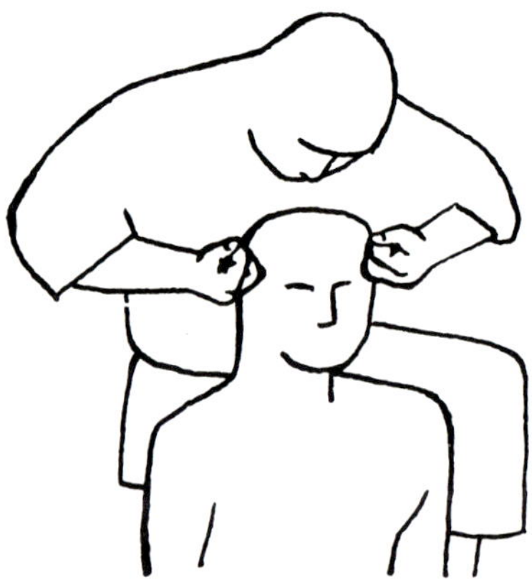

Fig. 98

Der Patient setzt sich. Man kniet hinter ihm und legt seinen Hinterkopf gegen die eigene Brust. Man ballt beide Hände zur Faust, klemmt die zweiten Mittelfingerglieder mit den Knöcheln von Zeige- und Ringfinger ein und preßt die beiden vorstehenden Knöchel der Mittelfinger gegen seine Stirn über den Augenbrauen. Die Knöchel gleiten in gerader Linie über seine Schläfen direkt über den Ohrmuscheln nach hinten, bis sich die Fäuste auf der Mitte des Hinterkopfes treffen (Fig. 98). Die Massage wird mit gleichbleibend starkem Druck auf der ganzen Strecke ausgeführt und dann noch 1 bis 5 Mal wiederholt. Anschließend beschreibt man mit den Spitzen der Finger beider Hände, die man leicht rechts und links gegen seinen Kopf drückt, kleine Kreise längs der massierten Linie. Hält der Kopfschmerz wider Erwarten an, kann die Behandlung, deren Wirkung auf einer peripheren Nervenreizung beruht, noch einmal wiederholt werden.

7. Schlag gegen die Hoden (Kogan-Kuatsu)

Der Patient setzt sich auf die Matte, grätscht und streckt die Beine. Man hebt ihn, unter beide Achseln fassend, mehrmals etwa 10 cm an und läßt ihn wieder fallen. Es ist auch möglich, mit der Fußsohle gegen sein Kreuzbein zu schlagen. Die Behandlung wirkt entkrampfend und befördert die Hoden gegebenenfalls aus dem Leistenkanal heraus. Wasserlassen bringt häufig Erleichterung.

Bei schweren Hodenprellungen, d. h. wenn die Schmerzen auch nach 1 Stunde nicht nachlassen, Patient in ärztliche Behandlung bringen.

8. Wiederbelebung (Eri-Kuatsu)

Diese Griffe sollen bei Bewußtlosigkeit durch Würgen oder hartes, unsachgemäßes Fallen angewendet werden. Sie haben auch häufig Erfolg bei Ohnmachten aus anderen Ursachen.

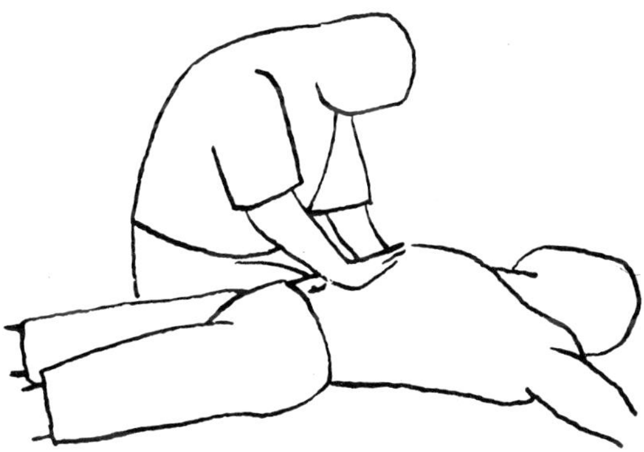

Fig. 99

In allen Fällen ist ein behutsames Anfassen des Patienten nötig. Er soll dort liegen bleiben, wo er bewußtlos wurde. Man befreit Bauch und Brust von Kleidungsstücken, dreht ihn auf den Rücken, legt den Kopf zur Seite (Vorsicht, Zunge darf nicht in die Luftröhre zurückfallen bzw. muß [weil „glitschig" mit Hilfe zwischen die Finger genommener Kleidung] von dort weggezogen werden) und breitet seine Arme aus; Handflächen zeigen nach oben. Man kniet an seiner rechten Seite und legt die rechte Hand auf sein Brustbein. Der Unterarm zeigt schräg aufwärts (etwa 45°). Nun läßt man die Hand etwas nach unten gleiten, bis die Handfläche in seiner Magengrube liegt, und stößt die Maus der Hand federnd und kräftig gegen seinen Körper (Fig. 99). Dies wiederholt man etwa 15 Mal.

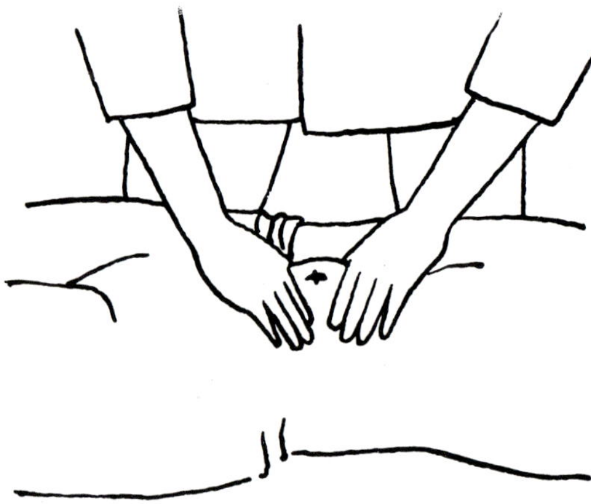

Fig. 100

Führt diese Behandlung nicht zum Ziel, so ergreift man die Bauchdecke um den Nabel herum mit Daumen und Zeigefinger beider Hände und führt Bewegungen aus, als würde man ein Geschwür ausdrücken (Fig. 100). Führt auch das nicht zum Erfolg, so winkelt man ein Bein des Patienten an, ballt die Faust und schlägt mit der Handkantenseite mit aller Kraft gegen die Fußsohle auf das Fußgewölbe (Fig. 101). Parallel zu dieser Behandlung, wenn sie nicht innerhalb kurzer Zeit zum Ziel führt, ist unbedingt die Feuerwehr bzw. ein Arzt zu alarmieren. Bis zum Eintreffen ärztlicher Hilfe ist mit Mund-zu-Mund-Beatmung (Nase zuhalten) und Herzmassage (mit übereinandergelegten Handflächen ca. 1 × pro Sekunde in der Herzgegend federnd gegen sein Brustbein drücken) fortzufahren.

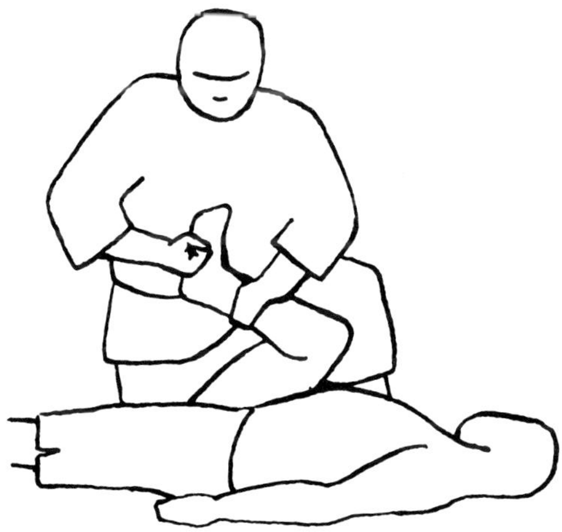

Fig. 101

Wenn der Patient auf Grund der Behandlung zu sich kommt, soll er aufstehen und langsam etwas gehen. Man bleibt neben ihm für den Fall, daß er erneut bewußtlos wird.

Zweck der Kuatsu-Behandlung ist es, durch Reizung des vegetativen Nervensystems (des Solar plexus und der Nerven des Zwerchfelles bzw. durch periphere Nervenreizung an der Fußsohle) Herztätigkeit und Atmung wieder in Gang zu bringen. Aufstehen und Gehen bewirken eine Normalisierung des Kreislaufs.

Judo-Fachwörterbuch

Die Judo-Fachworte stammen aus der japanischen Sprache und sind nicht nur eine Höflichkeitsgeste gegenüber dem Ursprungsland des Judo, sondern bieten eine gutfunktionierende, internationale Verständigungsmöglichkeit für den Judoka. Außerdem haben sich die japanischen Fachausdrücke seit Jahrzehnten als exakte Bezeichnungen für Judotechniken bewährt.
Muß man schon viel Mühe darauf verwenden eine Judotechnik richtig zu erlernen, sollte man auch die kleine Unbequemlichkeit in Kauf nehmen, sich die japanische Bezeichnung einzuprägen. Spätestens jeder Danträger sollte sich in der japanischen Judofachterminologie auskennen. Bei Anfängern (insbesondere Kindern) genügen natürlich zunächst auch deutsche Bezeichnungen.
Fachausdrücke sollten sinnvoll angewandt werden. Die japanischen Fachworte, die auch in die Kampfrichtersprache Eingang gefunden haben, sind nützlich bei internationalen Begegnungen nicht aber dazu da, z.B. bei einer Kreismeisterschaft der B-Jugend die Schüler und Zuschauer zu vergraulen.
Die japanische Schrift (Hiragana) bedient sich kunstvoller aus dem Chinesischen entlehnter Wortsymbole und graphisch einfacherer Zeichen für Hilfs- oder Erleichterungsworte. Um auch dem Ausländer das Lesen japanischer Worte zu ermöglichen, wurde in Japan eine einheitliche Umschreibung der Lautwerte mit lateinischen Buchstaben geschaffen. Diese wird auch in der Judoliteratur benutzt.
Japanische Worte, die mit verschiedenen Buchstaben anfangen, je nachdem ob sie am Wortanfang oder in der Wortmitte stehen, werden unter dem am Anfang gebräuchlichen Buchstaben aufgeführt.
Alle in Anführungsstriche gesetzten Worte sind Kampfrichter-Kommandos.

Die wichtigsten Ausspracheregeln

ai	(Tai)	gesprochen wie ei (tei)
ch	(Uchi)	gesprochen wie tsch (utschi)
ei	(Hantei)	gesprochen wie ee (hantee)
g	(Nage)	innerhalb eines Wortes gesprochen mit leicht nasal anklingendem n (nange)
j	(Judo)	oft mit leicht anklingendem d gesprochen (djudo)
s	(Soto)	gesprochen mit scharfem s (szoto)
sh	(Ashi)	wie sch gesprochen (aschi)
y	(Yoko)	am Silbenanfang gesprochen wie j (joko)
z	(Waza)	gesprochen mit weichem s (wasa)

A

Age	nach oben, heben, anheben
Ago	Kinn
Aida	Abstand, Distanz
Arashi	Sturm, Gewitter
Ashi	Fuß, Bein
Ashi-waza	Fuß- und Beinwürfe
Atama	Kopf, Haupt
Ate	Schlag, treffen
Atemi-waza	Technik des Körpertreffens, Schlag- und Stoßtechnik
Ayumi-ashi	normals laufen (ein Fuß vor den anderen), konzentriert vorwärtsstreben

B

-barai	siehe Harai
-basami	siehe Hasami
Bu	Krieger, militärische Angelegenheiten
Budo	Weg des Kriegers, Kriegskünste
Bushido	Ehrenkodex der Samurai, Ritterlichkeit
Butsukari	gegenstoßen, zusammenstoßen, permanenter Angriff
Butsukari-geiko	Wurfansätze gegen Widerstand des Partners

C

Chikara	Kraft
Chugairi	Salto, Rolle vorwärts
„Chui"	Achtung, „Ermahnung"
„Chusen"	„losen!" — in Japan wird bei Bewertungsgleichheit nach Kampfverlängerung der Sieg verlost —

D

Dachi	Stellung, Position
Daki	greifen, umarmen, an die Brust drücken
Dan	Stufe, Rang, Meistergrad 1. Sho — Dan 6. Roku — Dan 2. Ni — Dan 7. Shichi — Dan 3. San — Dan 8. Hachi — Dan 4. Yo — Dan 9. Ku — Dan 5. Go — Dan 10. Ju — Dan
-daoshi	siehe Taoshi
Dashi	hinaustun, beginnen
De	hinaus, nach außen, vorwärts, von sich weg
Do	der Weg, den man im Leben verfolgen soll, Prinzip, Lehre, Körpermitte
Dojime	Nierenschere, Beinschere, Leibeinschnüren
Dojo	Platz des Weges, Trainingsraum, Übungshalle
-dori	nehmen, wegnehmen, ergreifen, fangen

E

Ebi	Krabbe, Krebs
Eri	Kragen, Revers

F	Fukukoso	Solar plexus
	Fumi	treten, aufstampfen
	Fumikomi	hinaustreten, eindrehen
	Furi	ungünstig, schütteln
	Fusegi	Verteidigung, Abwehr
	„Fusen-sho"	„kampflos Sieger!" (z.B. wegen Nichterscheinen)
G	-gachi	siehe Kachi
	-gaeshi	siehe Kaeshi
	-gake	einhängen, haken
	Gan	Augen
	Ganmen	Gesicht
	Garami	verdrehen, verknäulen, umschlingen, verknoten
	-gari	sicheln, abschneiden
	-gashira	siehe Kashira
	-gatame	siehe Katame
	-geiko	siehe Keiko
	-geri	siehe Keri
	-gesa	siehe Kesa
	-Gi (Ki-)	Kurzform für Judoanzug
	Gokyo	fünf Übungsstufen, Lehrsystem des Kodokan
	Gonosen	den Gegner besiegen, obgleich er eher angesetzt hat, Kontern
	Gonosen-no-Kata	Form der Gegenwürfe, die 12 klassischen Gegenwürfe
	-goshi	siehe Koshi
	Goshin	Selbstverteidigung
	Goshin-jitsu-no-Kata	Form der modernen Selbstverteidigung
	-guruma	Rad
	Gyaku	umgekehrt, andersrum
H	Hadaka	nackt, bloß
	„Hajime"	„kämpft!", Anfangen
	Hando	Reaktion
	Hane	Sprung, Feder, springen
	„Hansokumake"	„Disqualifikation"
	„Hantei"	„Bewertung!", Entscheidung
	Happo-no-kuzushi	Gleichgewichtsbrechen nach den 8 Richtungen
	Hara	Bauch, Mitte des Körpers, Kraftzentrum
	Harai (-barai)	Jemanden ein Bein stellen, fegen, mähen
	Hasami (-basami)	zwischenklemmen, kneifen, Schere
	Henka	Veränderung, Wechsel
	Hidari	links
	Hidari-shizen-tai	linke Grundstellung
	Hiki	ziehen, Zug
	„Hikiwake"	„unentschieden!"
	Hiki-waza	Techniken beim Zurückweichen

	Hishigi	gestreckt, brechen, überwältigen
	Hiza	Knie
	Hlzl	Cllenbogon
	Hon	Haupt-, Grundform, Basis, normal
	Hon-tai	normale, aufrechte Körperhaltung
I	Idori	sitzend, (im knien auszuführende Technik)
	„Ippon"	ein Punkt, „Punkt!"
	Iri	ein-, hinein-; einsteigen
	Itsutsu-no-Kata	Form der Symbole, die 5 traditionellen Symbole
J	Jigo	Verteidigung, Abwehr
	Jigo-tai	Verteidigungsstellung
	„Jikan"	„Zeit!"
	-jime	siehe Shime
	Jitsu	Technik, Griff, Kunst, List
	Jo	Platz, Stelle, Ort
	Joseki	Lehrerplatz, oberer Sitz
	Ju (Jiu)	weich, sanft, nachgeben, ausweichen
	Judo	Sanfter Weg, von J. Kano begründetes Erziehungs- und Kampfsportsystem — der Judosport
	Judogi	Judoanzug
	Judoka	Judotreibender, Judokämpfer
	Juji	Kreuz, überkreuz, kreuzen
	Ju-jitsu	Technik der Sanftheit, (klassisches Selbstverteidigungssystem)
	Ju-no-Kata	Form der Geschmeidigkeitsübungen, 15 Übungen durch Nachgeben zu siegen
K	Kachi (-gachi)	gewinnen, siegen, Sieg
	Kaeshi (gaeshi)	zurückgeben, kontern
	Kaeshi-waza	Kontertechnik
	Kagami	Vorbild/Spiegel
	Kagato (Kakato)	Ferse, Hacken
	Kaisetsu	Kommentar, Erläuterung, Lehrsystem
	Kakae	tragen, heben, umarmen und gleichzeitig hochheben, in den Armen halten.
	Kakari	herangehen, angreifen, sich jemandem entgegenstellen
	Kakari-geiko	Belastungstraining, laufend angreifen
	Kake	Endphase eines Wurfs (Angriff)
	Kami	obere Hälfte, oben
	Kamiza	Ehrenplatz, Sitz der Götter
	Kan	Kälte
	Kani	Krebs
	Kannuki	Balken zum Verschließen eines Tores, Riegel
	Kansetsu	Gelenke
	Kansetsu-Waza	Hebeltechnik
	Kashira (-gashira)	Haupt, Kopf, oben
	Kata	Zeremonielle Form/Schulter

Kataha	eine Seite
Katame (-gatame)	befestigen, festmachen, kontrollieren
Katame-no-Kata	Form der 15 fundamentalen Bodentechniken
Katame-waza	Grifftechnik
Katate	eine Hand, ein Arm, einhändig
Ke	Haare
Keiko (-geiko)	Training, Übung, Übungsform
„Keikoku"	„Verwarnung"
Ken-ken	springen, nachhüpfend
Kensui	sich anhängen, an jemanden klammern
Keri (-geri)	mit dem Fuß stoßen, treten, kicken
Kesa (-gesa)	Ärmel eines Priestergewandes, Schärpe
Kiai	Kampfschrei, Schlachtruf, der Schrei zum Hypnotisieren
Kime	Grundlage, Fundament
Kiken	Aufgabe
Kime	bestimmen, beeinflussen, entschlossen
Kime-no-Kata	Form der klassischen Selbstverteidigung
Kimono	traditionelle japanische Kleidung
Kinsa	technisches Resultat
Kiri	schneiden, spalten
Ko	klein/altertümlich/Verdienst, Erfolg
Kobushi	Faust
Kodokan	zentrales Judoinstitut in Tokio
Kogan	Geschlechtsteile, Hoden
Kogo	abwechselnd, gegenseitig, alternativ
„Koka"	„Vorteil"
Komi	herein-, hinein-, eindringen
Koshi (-goshi)	Hüfte, Taille
Koshi-waza	Hüftwurftechniken
Koshiki	alt, antik, der alte Stil
Koshiki-no-Kata	Form der antiken Selbstverteidigung
Kote	Außenseite der Hand, Elle
Koten	alte Lehre, Klassiker
Kuatsu (Kwatsu)	Wiederbelebungstechnik
Kubi	Kopf, Nacken, Genick
Kuki	Luft
Kumi	fassen, greifen, ringen
Kumi-kata	Möglichkeiten den Gegner zu ergreifen, Faßarten
Kuzure	Variation, gelockerte Form
Kuzushi	Gleichgewicht brechen, zerstören
Kyo	Lektion, Gruppe, Abschnitt
Kyu	Stufe, Klasse, Schülergrad 5. Go — Kyu = gelb 4. Yon — Kyu = orange 3. San — Kyu = grün 2. Ni — Kyu = blau 1. IK — Kyu = braun

M	Ma	gerade, exakt
	Ma-sutemi-waza	Würfe in Rücklage
	Mae	vorn, vorwarts
	Mae-ukemi	vorwärts Fallen
	„Maitta"	ich gebe auf, „Aufgabe!", ich bin besiegt
	Maki	einrollen, verwickeln
	Maki-komi-waza	Würfe durch Körpereindrehen
	Makura	Kissen, Kopfkissen
	Mata	Schenkel, Innenseite, Leiste
	„Mate"	„lösen!"
	Mawari	herumgehen, Drehung
	Mawashi	Gürtel (der Sumokämpfer)
	Men	Gesicht, Maske
	Migi	rechts, rechte Seite
	Migi-shizen-tai	rechte Grundstellung
	Mochi	nehmen, halten, besitzen, fassen
	Mokuso	mit geschlossenen Augen konzentrieren, Konzentrationssitz, sich in Gedanken vertiefen
	Morote	beide Hände, beidhändig
	Mune	Brust
N	Nage	werfen, Wurf
	Nage-no-Kata	Form des Werfens, die 15 Grundwürfe
	Nage-waza	Wurftechnik
	Nami	normal, üblich, mittlere
	Naname	geneigt, quer
	Narabi	Reihe, Seite an Seite
	Ne	liegend, am Boden
	Ne-waza	Bodentechnik
	Nidan	zweistufig
	no-	von, des (bezeichnet den Genitiv)
	Nowaki	Herbstwind, Bö
	Nuki	herausnehmen, herausziehen
O	O	groß
	Obi	Gürtel
	Okuri	nachsenden, nachschicken, beide, nachgehen
	Omote	Oberfläche, Vorderseite
	Osae	halten, unbeweglich machen, fangen
	„Osae-komi"	„Festhalten!"
	„Osae-komi-toketa"	„Halten aus!", Festhalter ist gelöst
	Osae-komi-waza	Haltetechnik
	Oshi	schieben, drücken, beschweren
	Othen	auf die Seite drehen, rollen
	Otoshi	jemanden fällen, herunterziehen, hinwerfen
R	Ran	ohne bestimmte Regel, ohne festen Plan locker
	Randori	freies, lockeres Bewegen, Übungskampf

	„Rei"	„Verbeugung", Begrüßung
	Renraku	Verbindung, Kombinieren, Verknüpfung
	Renraku-waza	Kombinationstechnik
	Renshu	Übung, freies Kämpfen
	Renzoku	Aufeinanderfolge, von einer Technik in die andere übergehen
	Ritsu-rei	Verbeugung im Stand
	Ryo (Rio)	zwei, beide Seiten, beide
	Ryo (Ryugi)	Stil, Schule, Art
S	Sabaki	ausweichen, drehen
	Samurai	japanischer Ritter
	San	drei/an den Familiennamen angehängte Anrede: Herr, Frau, Fräulein
	Sankaku	Dreieck
	Sasae	stützen, hemmen, aufhalten
	Sasoi	locken, reizen, veranlassen, einladen
	Satori	Einsicht, Verständnis, Erleuchtung
	Seiza	das unbewegliche sitzen
	Sensei	Lehrer, Meister
	Sensei-rei	die Schüler grüßen den Lehrer
	Seoi	auf der Schulter tragen, schultern
	Shiai	Wettkampf, Kampf
	„Shido"	„Hinweis"
	Shihan	Lehrer, Leiter, Vorbild
	Shiho	vier Richtungen, von allen Seiten
	Shiki	Art/Zeremonie, Stil
	Shime (-jime)	zuschließen, würgen, zusammenpressen
	Shime-waza	Würgetechnik
	Shimoseki	unterer Sitz, Schülersitz
	Shintai	vor- und zurückgehen, Laufschule
	Shisei	Haltung, Stellung
	Shita	unten, abwärts
	Shizen-tai	natürliche Haltung, Grundstellung, Grundhaltung
	Shobu	Wettkampf, Ausgang des Kampfes
	Shomen	frontal, Vorderseite
	So	zusammen, ganz, gesamt
	Sode	Ärmel
	„Sogo-gachi"	„zusammengefaßter Sieg"
	„Sono-mama"	„liegenbleiben!"
	„Sore-made"	„lösen!" (Kampfende)
	Soto	außen, draußen, Außenseite
	Sukashi-waza	Abwehrtechnik, Meidbewegung
	Sukui	ausschöpfen, schaufeln
	Sumi	altes Wort für Ecke
	Suri	streifen, streichen, reiben
	Sutemi	sich fallen lassen, Balance opfern
	Sutemi-waza	Würfe beim zu Boden gehen

T	Tachi	im stehen, Stand
	Tachi-ai	sich gegenüberstehend kämpfen, Wettkampf im Stand
	Tachi-waza	Würfe aus dem Stand
	Tai	Körper
	Taisabaki	im Gleichgewicht bleiben, Körperdrehung, Ausweichbewegung des Körpers
	Taka	hoch, nach oben
	Taki	Wasserfall
	Tama	Kugel, Ball
	Tanden	Unterleib, die Stelle unter dem Nabel
	Tandoku-renshu	Üben-/Eindrehen ohne Partner, alleiniges Training
	Tani	Tal
	Taoshi (-daoshi)	umstoßen, umwerfen
	Tatami	Matte, Reisstrohmatte
	Tate	obendrauf, aufrecht, der Länge nach
	Tawara	Reisstrohballen
	Te	Hand, Arm
	Tekubi	Handgelenk
	Te-waza	Hand-, Arm-, Schulterwürfe
	Tobi	springen, hüpfen
	Tobi-Komi	laufend hineinspringen
	Tokui	Vorzug, Stolz, die starke Seite
	Tokui-waza	Spezialtechnik
	Tomoe	Bogen, japanisches Symbol: 
	Tori	Angreifer, Ausführender, der Aktive
	Tsubame	Schwalbe
	Tsugi-ashi	Nachstellschritt
	Tsuki	stoßen, Stoß
	Tsuki-nami	monatlich, gewöhnlich
	Tsukkake	sich einhängen, einhaken, mit etwas oder gegen etwas stoßen
	Tsukuri	jemanden zurechtstellen, Wurfansatz, Eindrehmethode
	Tsuri	schleifen, ziehen, tragen
	Tsuri-ashi	mit schleifenden Füßen gehen, Schleifschritt
	Tsuri-Komi	heranziehen, hochheben, hereinziehen
U	Uchi	schlagen, bewegen/innen, innerhalb
	Uchi-komi	bei einem Partner eindrehen, Wurfansätze mit einem Partner (wörtl. einschlagen)
	Ude	Arm
	Uke	der Geworfene, der die Technik erleidende
	Ukemi	sich abfangen, Defensive
	Ukemi-Waza	Falltechnik
	Uki	schweben, mit Schwung entfernen
	Ura	Rückseite, entgegengesetzt, Rücklage

	Ushiro	hinten, rückwärts, von rückwärts
	Utsuri	überwechseln, verändern
W	Wakare	auseinandergehen, sich trennen, reißen
	Waki	Körperseite, Achsel
	Waza	Technik, Griff
	„Waza-ari"	„Wertung!"
	„Waza-ari a wasete ippon"	„zwei Wertungen ein Punkt!"
Y	Yama	Berg
	Yakusoku	Absprache, Verabredung
	Yakusoku-geiko	Werfen/Üben nach Vereinbarung
	Yoko	Seite, zur Seite, seitlich
	Yoko-sutemi-waza	Würfe in Seitlage
	„Yoshi"	„los!" Kämpft weiter!, O.K.
	Yubi	Finger
	„Yuko"	„Fastwertung", Erfolg
	„Yusei-gachi"	„Überlegenheit!"
Z	Za	Platz, Sitz
	Za-rei	Gruß, Verbeugung im Sitzen
	Za-zen	Stillsitzen in Zen, Konzentrationssitz
	Zempaku	Unterarm
	Zen	mit Ruhe über sich nachdenken, konzentrieren, buddhistische Glaubensrichtung
	Zori	Sandalen, Judo-Latschen
	Zubon	Hose